2001

CALLWEY

Architektur **Jahrbuch** Bayern

20**01**

Bayerische
Architektenkammer
(Hrsg.)

Inhalt

6 **Vorwort**

8 **Quo vadis? Von einem, der auszog, die bayerische Architektur zu suchen**
Claudius Seidl

16 **Sammeln, Versammeln, Bilden, Zeigen**
Vier neue Museen in Bayern
Die Vitrine in der Nürnberger Altstadt:
Neues Museum Nürnberg
Architekt: Volker Staab
Kubus über der Tiefgarage:
Museum Georg Schäfer, Schweinfurt
Architekt: Volker Staab
Skulpturen in der Fabrikhalle:
Alf Lechner Museum, Ingolstadt
Architekten: Fischer Architekten
Buchheims Arche Noah:
Museum der Phantasie, Bernried
Architekten: Behnisch,
Behnisch & Partner
Bernhard Schulz

36 **Leidenschaft statt Formalismus**
Interview mit Werner Wirsing
Inez Florschütz

40 **Porträt: Hermann Hiller**
Peter Richter

44 **Metamorphosen**
Bürogebäude
in der Münchner Herrnstraße
Architekten: Herzog & de Meuron
Hubertus Adam

48 **Der Raum als Wille und Vorstellung**
Die Universitätsbibliothek
auf dem Oberen Eselsberg in Ulm
Architekten: Steidle + Partner
Falk Jaeger

54 **Eine Stilfrage**
Das sanierte Kronen-Carré in Stuttgart
Architekten: Auer+Weber+Partner
Falk Jaeger

60 **Atelier mit Fenster zum Hof**
Werkstatt und Galerie
eines Steinbildhauers in Eichstätt
Architekten: Diezinger & Kramer
Rüdiger Klein

64 **Glasvitrine im Kornspeicher**
Umbau eines Fachwerkhauses
in Kaufbeuren
Architekten:
Kehrbaum Architekten
Sabine Schneider

70 **Einzig für das Kunstwerk geschaffen**
Städtische Galerie in Marktoberdorf
Architekten: Bearth & Deplazes
Sabine Schneider

76 **Frech zur Seite gedreht**
Wohnhaus am Pilsensee
Architekten: Der Hausladen Architekten
Amelie Kausch

80 **Keine wie die andere**
Wohnanlage Sanderstraße in Augsburg
Architekt: Titus Bernhard
Katharina Matzig

84 **Immer an der Wand lang**
Haus Reinecke in Leitershofen
bei Augsburg
Architekt: Titus Bernhard
Katharina Matzig

88 **Pioniere auf der Schotterebene**
Friedhof und Aussegnungshalle
in München-Riem
Architekten: Andreas Meck
und Stephan Köppel
Lisa Diedrich

Magazinbeiträge

94 **Wieviel Mexiko braucht der Mensch?**
Impressionen aus der Luitpoldsiedlung
in Hohenbrunn bei München
O-Ton-Sammlung: Birgit Höfer

122 **Auf die Plätze, fertig, stop**
Olympiastadion:
Abriss, Neubau, Umbau?
Gottfried Knapp

128 **Wohnungsbau in Bayern**
Jörg Nußberger

132 **Neue Sasse**
Sanierung im Münchner Hasenbergl
Architekt: Peter Ottmann
Dorothea Parker

138 **Ein Arzt bewegt die Baukultur**
Zum 100. Todestag
Max von Pettenkofers
Lisa Diedrich

144 **Licht am Ende des Tunnels**
Warum man in München hinabsteigen
muss, um oben anzukommen
Gerhard Matzig

98 **400 Sozialwohnungen
in innerstädtischer Lage in Linz**
Architekten: Herzog + Partner

100 **Zwei Häuser für zwei Familien
mit gemeinsamem Nebengebäude
und Garten in Vornbach**
Architekten: Erwin Wenzl, Manfred
Huber, Peter Kemper

102 **48 kostengünstige und ökologische
Reihenhäuser in verdichteter Bauweise
in München**
Architekten: Michael Ziller,
Helmut Zieseritsch

104 **Wohnhaus in Andechs**
Architekt: Herbert Meyer-Sternberg

106 **Grundschule mit Tagesheim
in München**
Architekten: Schunck Ullrich Krausen
Architekten

110 **Werkhalle mit Büros in Augsburg**
Architekten: Ott Architekten

112 **Produktionshalle in Hettenshausen**
Architekt: Peter Heilmaier

114 **Kunden-Service-Center Nürnberg**
Architekten: Lauber Architekten

116 **Sanierung Südbad München:
Umbau der Umkleiden, Einbau
einer Sauna**
Architekten: Guggenbichler + Netzer

118 **Außenanlagen zum Technischen
Rathaus – Baureferat der
Landeshauptstadt München**
Landschaftsarchitekt: Wolfgang H.
Niemeyer
Künstler: Vito Acconci

120 **Außenraumgestaltung Wohn- und
Therapiezentrum für Sehbehinderte
und Blinde in München**
Landschaftsarchitekten: Realgrün

156 **Anhang**
156 Verzeichnis der Architekten
und Landschaftsarchitekten

158 Bildnachweis, Impressum

Vorwort

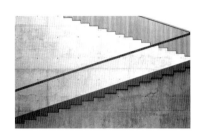

Man sieht nur, was man weiß. Heißt es. Und so gesehen, war es allerhöchste Zeit, dass auch die Bayerische Architektenkammer ein Jahrbuch herausgibt, das Architektur Jahrbuch Bayern. Es zeigt Ihnen nämlich sehenswerte Häuser in Bayern sowie sehenswerte Häuser, von bayerischen Architekten erbaut. Ihre Auswahl ist schwer gefallen, und ich danke der Jury herzlich, dass sie sich Zeit genommen hat, genau hinzuschauen und aus einer Fülle eingereichter Arbeiten Gebäude ausgewählt hat, die sich anzusehen lohnt. Große Bauaufgaben sind darunter, wie die Errichtung einer kompletten Wohnanlage mit 400 Wohnungen ebenso wie eine kostengünstige Reihenhaussiedlung oder das klassische Einfamilienhaus. Wir haben Gewerbebauten für Sie gefunden, die den schlechten Ruf des Industriebaus Lügen strafen und Sanierungen, die beispielhaft und beredt vom Umgang alter und neuer Bausubstanz sprechen. Wir möchten Sie einladen, sich die wichtigen Museumsneubauten in Bayern anzusehen, die – selten genug – von einem erstaunlichen Engagement eines öffentlichen Bauherrn zeugen und haben Gartenkunst gefunden, die den Kunst- und Architekturliebenden nicht im Regen stehen lässt. Aus ganz Deutschland haben wir Architekturkritiker nach Bayern eingeladen, um von ihrer Sicht auf das bayerische Baugeschehen zu lesen, und wir haben in unserem so genannten Magazinteil die Architekten selbst zu Wort kommen lassen.

Ein Jahrbuch bringt es mit sich, dass nicht alle darin vorgestellten Bauten erstmalig und exklusiv veröffentlicht werden. Das war auch nicht unser Ehrgeiz. Vielmehr möchten wir Ihren Blick lenken auf Architektur, die Sie tagtäglich umgibt. Denn wenn man weiß, was man sieht, wird schon der Weg mit der Münchner U-Bahn zur Reise durch die Architekturgeschichte, dann führen mexikanische Pueblos in Oberbayern mitten in die Architekturdebatte, dann wird der Arzt und Apotheker Max von Pettenkofer, Schöpfer der Münchner Unterwelt, auf einmal zur architektonischen Lichtgestalt. Sein Geburtstag übrigens jährt sich in diesem Jahr zum hundertsten Mal. Das haben Sie nicht gewusst? Sehen Sie! Ich wünsche Ihnen beim Lesen und Schauen viel Vergnügen.

Professor Peter Kaup
Präsident der Bayerischen
Architektenkammer

**Der Beirat des
Architektur Jahrbuchs Bayern 2001**

Dr. Wolfgang Bachmann
Chefredakteur des »Baumeister«,
München

Horst Haffner
Baureferent,
München

Michael Hetterich
Architekt,
Würzburg,
Mitglied des Vorstands der
Bayerischen Architektenkammer

Prof. Arno Lederer
Architekt,
Karlsruhe

Prof. Dr. Winfried Nerdinger
Leiter des Architekturmuseums
München

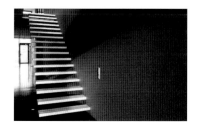

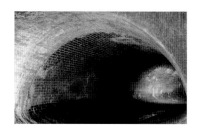

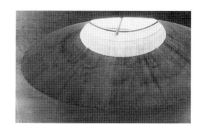

Quo vadis?
Von einem, der auszog, die bayerische Architektur zu suchen

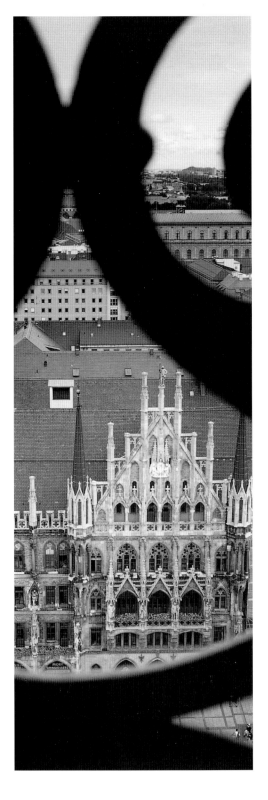

Vielleicht muss man einfach noch mal auf Anfang gehen, zurück in jene Zeit, da es in Bayern noch keine Bayern gab und erst recht keine bayerische Architektur. Damals siedelten zwischen Donau und Alpen die Kelten; später rückten die römischen Legionen ein, und als dann die Völkerwanderung begann, zogen die Germanen durchs Voralpenland und suchten den Weg zum Brenner. Wobei sie sehr viel Staub aufwirbelten, und als der sich wieder legte, so ums sechste, siebte Jahrhundert herum, da war das Volk der Bayern plötzlich da, und keiner wusste, wer diese Leute waren. Sie wussten es schließlich selber nicht, und so begannen sie, sich selber zu erfinden; das heißt: meistens überließen sie das ihren Herrschern. Und so ist Bayern zu dem geworden, was es bis heute noch nicht ist: Der eine Herrscher hielt sich für einen Italiener, der nächste für einen Griechen, der dritte für einen wahren Teutschen, und teutsch oder italienisch oder griechisch bauten sie das Land und seine Hauptstadt aus. So ist es mit Bayern noch immer. Wenn das Land an seinen Enden Räder hätte, würde es sofort davonfahren. Fragt sich bloß, wohin.

Vielleicht kann man aber auch mittendrin beginnen, irgendwo in der Münchner Innenstadt, wo ich einen Freund treffe, der sehr viel von Architektur versteht, und ihn

Claudius Seidl, Jahrgang 1959, ist Leiter des Feuilletons der »Frankfurter Allgemeinen Sonntagszeitung«. Er wünscht sich ein Hochhaus von mindestens 50 Stockwerken am Sendlinger-Tor-Platz in München.

frage: Gibt es das, eine bayerische Architektur? Das gibt es, sagt der Freund, und man könne diese Architektur auch sehr gut beschreiben: Lässiger und leichter und vielleicht ein bisschen schlampiger sei die als etwa dieser steinerne Stil von Berlin. Irgendwie frivol im Umgang mit dem Verhältnis von Form und Funktion, und die Architekten und Kritiker mit nördlicheren Maßstäben betrachteten diese Architekur durchaus mit einigem Misstrauen. Es gebe da ein Haus in einer Münchner Vorstadt, unbedingt sehenswert, sehr kühn, sehr leicht, fast leichtfertig geplant; das könne man sich ja mal anschauen. Bisschen schwer zu finden sei es schon; er kenne aber den Weg.

Wenn man die bayerische Architektur aber erst suchen muss, selbst wenn man mitten aus Bayern kommt, aus der Stadtmitte der Landeshauptstadt: Dann fragt man sich doch, ob es diese bayerische Architektur überhaupt gibt. Was sind denn die Häuser auf dem Weg zu jenem architektonischen Meisterwerk? Sind sie keine Architektur, liegen sie nicht in Bayern? Sind sie unsichtbar?

Da die Bayern nach wie vor sich sehr schwer tun mit der Antwort auf die Frage, wer oder was sie denn eigentlich seien, neigen sie dazu, die wesentlichen Definitions- und Identifikationsfragen an zwei außer-

halb ihrer selbst liegende Instanzen zu delegieren. Das eine ist die Natur, das andere die Tradition; und beides, meinen die Bayern, sei im Grunde unzerstörbar. Wenn die Essenz des Bayerischen aber in den Seen, den Bergen und dem blauen Himmel steckt: Dann ist die Architektur nicht weiter herausgefordert, und genau so sehen die bayerischen Häuser dann dort aus, wo es Seen, Berge und einen mediterranen Himmel gibt. Was da so herumsteht an den Seeufern und den Berghängen und unter unserem Himmel, das ist in vielerlei Hinsicht eine mystische Architektur. Denn erstens geht sie offenbar von der Annahme aus, dass es auch unsichtbare Gebäude gebe, und rechnet sich selber gleich mal dazu. Und zweitens scheint sie auf der Annahme zu beruhen, dass auch, was schön an Bayern sei, im Grund eine unsichtbare Sache sei.

Nehmen wir, nur zum Beispiel, ein Sporthotel, in bester Lage, am Westufer des Starnberger Sees neu gebaut. Die Architektur will weder bayerisch sein, noch hatte der Architekt sonst irgendeine ästhetische Ambition; was aber nichts macht, wenn der Gast auf seinem Balkon sitzt und hinüberschaut über den See, zu den Bergen, und vielleicht sieht er sogar ein Schlösschen am Ufer gegenüber. Aber was sehen die, die nicht auf diesem Balkon sitzen? Sie sehen

das Sporthotel, das nur von innen unsichtbar ist. Und was sieht der Wanderer, der ganze Hügel voll solcher Hotels passiert auf seinem Weg? Der Mensch, dessen Bayern voll von solchen Sporthotels ist? Soll er sich sagen, dass die Schönheit Bayerns eher ein Ideal als eine Realität sei und man sie folglich eher mit der Seele als mit den Augen suchen müsse? Gibt es Bayern zweimal: Das hässliche in der Wirklichkeit und das schöne in der Imagination (und auf Postkarten)?

Noch mehr Architektur als auf dem Land findet sich in den Städten, von denen die Bayern ja auch gern behaupten, dass die schön seien auf eine sehr bayerische Art. Was die Hauptstadt Bayerns angeht, so wird das gern belegt anhand der Bauten, die von der Verwechslung Bayerns mit Italien, Griechenland oder Arkadien zeugen. Was ja, einerseits, sehr angemessen ist; aber andererseits ist die Zahl dieser Bauten, Straßen, Plätze eben doch begrenzt, und der Rest der Stadt steht ja ebenfalls mit Häusern ganz voll, um die sich aber keiner kümmert. Sehr bayerisch war, nur zum Beispiel, der Komplex der Hofbrauerei in Haidhausen: Die Fassaden, in der Gründerzeit gebaut, sollten an florentinische Paläste erinnern, obwohl es dahinter doch nur ums Bier ging. Und genau diese Anmaßung könnte ja vielleicht die bayerische Eigenart definieren. Und beim Anblick

dieser Fassaden, in der Nachmittagssonne, wenn die Trambahn vorbeifuhr, wusste man, dass man in München und nirgendwo anders war. Die Bierpaläste wurden niedergerissen; heute steht da ein Häuserblock, der am Rand der Innenstadt von Dallas auch nicht viel schlechter stünde; aber immerhin, das Haus steht so, dass man, von den oberen Stockwerken aus jedenfalls, einen fantastischen Blick hat über die Türme der Stadt. Dass man von diesen Türmen zurückgucken könnte: Damit wird auch hier nicht gerechnet.

Es geht nicht darum, jede Mauer, die älter als hundert Jahre ist, für unersetzlich zu erklären und jeden Neubau zu verdammen. Ganz im Gegenteil: Ein paar selbstbewusste Neubauten täten der Münchner Innenstadt sehr gut. Aber hier verzehrt sich, was doch eigentlich die Substanz sein müsste. Vielleicht kann man die bayerische Architektur in Bayerns Hauptstadt so beschreiben: Das Alte zu erhalten, dafür sind die Leute hier zu geldgierig; ein Neubau bringt einfach die höhere Rendite. Und etwas wirklich Neues in die Stadt zu stellen: dafür sind die Leute hier nicht kühn genug. Und so werden sie wohl die Schönheit ihrer Hauptstadt auch dann noch preisen, wenn davon nichts geblieben ist als die eine oder andere Kirche, der eine oder andere Straßenzug. Und drum-

herum werden typisch münchnerische Neubauten stehen: nicht neu, nicht alt, nicht hässlich, nicht schön. Nur eine Spur zu klein, und unendlich langweilig.

Vielleicht muss man, um diese seltsame Verzagtheit zu erklären, gar nicht bis in die Zeit der Völkerwanderung zurückblicken. Vielleicht hilft schon die Erinnerung an die Herzöge, Kurfürsten und Könige der Neuzeit bei der Wahrheitsfindung: Nicht jeder von ihnen war so größenwahnsinnig wie Max Emanuel, der zu gern Kaiser geworden wäre und sich deshalb schon mal eine imperiale Residenz in Schleißheim bauen ließ. Nicht jeder war so verrückt wie der zweite Ludwig, der sich nicht bloß für den Herrn der Bayern hielt, sondern auch für den Herrscher über die Zeiten, weshalb er in seinen Schlossbauten das Mittelalter und den Absolutismus beschwor, obwohl doch das 20. Jahrhundert praktisch vor der Türe stand. Aber alle träumten sie, erstens von einer Größe, die sie gar nicht hatten; und zweitens davon, dass sie etwas anderes wären als die Regenten eines nicht besonders bedeutenden Volksstamms am Nordrand der Alpen. Und so gerieten ihre Kirchen, Schlösser, Prachtstraßen immer eine Spur zu groß und meistens eines Spur zu südlich für ihre kleine Hauptstadt, worauf deren Bewohner noch heute stolz sein wollen.

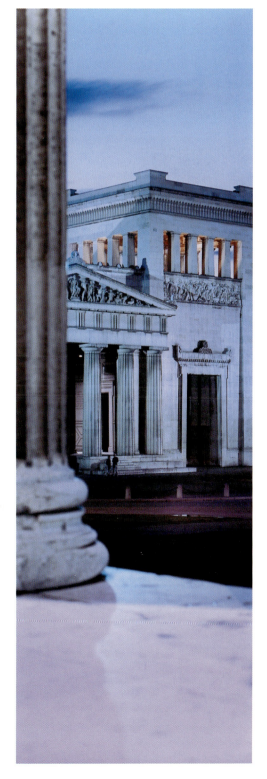

Aber es waren eben immer nur die Aristokraten (und ein bisschen auch der Klerus), die diese Sehnsucht nach der Größe und dem Süden nicht nur hatten, sondern auch ausleben durften – was für ihre Untertanen fatale Folgen hatte. Der normale Bayer, zumal der Bürger in der Stadt, fand sich erstens seines Geldes beraubt, schließlich musste ja irgendwer die Steuern zahlen für die ganzen Großprojekte. Und zweitens raubten ihm die Herrscher auf diese Art auch noch das Selbstbewusstsein. Münchens bürgerliche Architektur zeugt weniger vom Machtanspruch der Bürger, für welchen es ja im Zeitalter des Kapitalismus gute Gründe gab. Vielmehr zeugt sie vom Bedürfnis nach Ruhe und Sicherheit. Das lässt sie zwar bescheidener (und manchmal auch behaglicher) aussehen als die bürgerliche Architektur beispielsweise Hamburgs oder Berlins. Aber das hat eben dazu geführt, dass die Bürger auch nach der Abschaffung von Adel und Monarchie nicht die Kraft fanden, die Stadt ähnlich nachhaltig zu prägen.

Es gibt Zeichen, sagen jene, die es wissen müssen. Hier ein Bau im Vorort, dort ein Haus in der Villensiedlung. Es gibt Bauherren, die sind selbstbewusst genug, sich auch nach etwas zu sehnen: nach einer bayerischen Architektur beispielsweise, die weder ihre Eigenart im Geduckten und Niedrigen

sucht noch ihr Wesen in den Bauplänen für oberbayerische Bauernhäuser und Almhütten. Die aber bayerisch ist schon durch die Heftigkeit, mit der sie sich von Preußen absetzt, also von jenem Berliner Stil, der sein Heil im Stein findet und seinen Schönheitsbegriff in den Proportionen der Jahrhundertwende. Eine bayerische Architektur also, die sich nicht einfach dem Boden der Tatsachen anvertraut und die klimatischen Bedingungen nicht einfach als Schicksal nimmt. Eine Architektur, die vom Süden träumt, der immer das Ziel der bayerischen Sehnsucht war.

Eine solche Architektur müsste endlich stilbildend werden, für Bayern und seine Hauptstadt. Sonst wandern die Leute hier tatsächlich irgendwann in den Süden aus.

Claudius Seidl

Bauherr:
Freistaat Bayern, vertreten durch das Staatliche Hochbauamt Nürnberg I
Standort:
Luitpoldstraße 5, 90402 Nürnberg
Architekt:
Volker Staab, Berlin
Projektleitung:
Stefan Reik

Sammeln, Versammeln, Bilden, Zeigen
Vier neue Museen in Bayern

Bernhard Schulz, geboren 1953, ist Redakteur im Kulturressort des »Tagesspiegel« (Berlin). Früher selbst als Ausstellungsmacher tätig, ist er neugierig auf jede neue Lösung der Bauaufgabe Museum.

Nicht so sehr das 20., vielmehr das 19. Jahrhundert hat eine Fülle neuer Bauaufgaben hervorgebracht. Darunter zählt an prominenter Stelle ein der Vergangenheit gewidmeter Gebäudetyp: das Museum. Seine Glanzzeit ist längst nicht vorüber. Im Gegenteil – zu Beginn des 21. Jahrhunderts sind es Neubauten für Museen, die in der Sparte der kulturellen Bauten gegenüber Stadttheatern oder Konzertsälen mehr denn je die Spitzenstellung einnehmen. Waren die Museen des 19. und frühen 20. Jahrhunderts vor allem Schatzhäuser, so hat sich dieser Zweckbestimmung mittlerweile eine zweite hinzugesellt: die des architektonischen Monuments. Die Architektur des Museumsgebäudes tritt als Attraktion für den Besucher mindestens gleichberechtigt neben die Sammlung. Von einem Museum wird mehr erwartet als nur eine sicherheitstechnisch ausreichende Hülle für fragile Schätze. Der Museumsbesuch soll ein Erlebnis sein, das den Genuss der ausgestellten Objekte ebenso einbegreift wie die Erfahrung des Gebäudes, von weiteren Nutzungen wie solchen gastronomischer Art ganz zu schweigen.

Allein schon unter diesem Gesichtspunkt bietet die Reihe der vier im Laufe der zurückliegenden anderthalb Jahre eröffneten Museen Bayerns exemplarisches Anschauungsmaterial. Das Neue Museum in Nürnberg, das Museum Georg Schäfer in Schweinfurt, das Alf Lechner Museum in Ingolstadt sowie das Museum der Phantasie, das der Sammlung Lothar-Günther Buchheim gewidmete Haus in Bernried am Starnberger See beschreiben – in der Reihenfolge ihrer Eröffnung – vier Möglichkeiten des heutigen Museumsbaus. Es ist bezeichnend, dass drei der vier Museen privaten Sammlungen dienen. Mehr und mehr treten neben die älteren Einrichtungen der kommunalen sowie der staatlichen Museen solche für privat aufgebaute Sammlungen, die auf Dauer der Öffentlichkeit zugänglich gemacht werden sollen.

Die Frauentormauer, Teil der mittelalterlichen Stadtbefestigung, wird durch die konkave Wölbung der lang gezogenen Fassade am Klarissenplatz reizvoll verlängert.

Die belebte Luitpoldstraße lässt nicht ahnen, dass hier ein Museum zu finden ist – allenfalls die vom üblichen Historismus abweichende Fassade zur Linken weckt Neugierde.

Die Vitrine in der Nürnberger Altstadt

Das Neue Museum in Nürnberg ist denn auch, abgesehen von seinen Qualitäten als Museumsbau, als urbanistisches Meisterstück gelobt worden. Der Bauplatz versprach nicht eben eine glänzende Wirkung. Eingeklemmt zwischen die Altstadtmauer und die Bebauung an der Luitpoldstraße war das Gelände zuvor gar nicht als Brache wahrgenommen worden. Unter anderem befanden sich hier Gebäude eines unterdessen an einen anderen Standort verlegten Gymnasiums sowie eines nicht länger rentablen Kinos. Dass hier ein städtischer Raum möglich wäre, kam niemandem in den Sinn. Jetzt, nach der Fertigstellung des Museums, scheint es, als ob dieser Un-Ort nach angemessener Bebauung förmlich verlangt hätte. Und doch ist es allein der Entwurf des Berliner Architekten Volker Staab, der diese Fläche zum Stadtraum aufgewertet hat. Die Nürnberger Bemühungen um ein Museum der zeitgenössischen Kunst reichen weit zurück. Erst die Erlöse im Rahmen der »Offensive Zukunft Bayern« machten die Verwirklichung der Museumspläne möglich. 1991 wurde, parallel zu den Plänen einer »dritten Pinakothek« für die Landeshauptstadt München, ein Wettbewerb für das erwähnte Gelände ausgeschrieben, das ein neu zu begründendes »Neues Museum für Kunst

Das Foyer nimmt den mittleren Bauteil als »Quadrat im Quadrat« ein – mit Blick über die gläsernen Brüstungen in das gegebenenfalls zu Ausstellungszwecken mitgenutzte untere Foyer.

und Design« aufnehmen sollte. Das Museum selbst sollte Bestände der Gegenwartskunst aus dem Eigentum der Stadt Nürnberg mit solchen der zeitgenössischen Gestaltung aus der Münchner »Neuen Sammlung« zu einem Museum »neuen Typs« vereinigen, für dessen Konzept das gattungsübergreifende New Yorker »Museum of Modern Art« Pate stand.

Volker Staab, zuvor freier Mitarbeiter bei Axel Schultes und an dessen Neubau für das Kunstmuseum Bonn beteiligt, nahm an dem Wettbewerb mit seinem ersten eigenständigen Entwurf teil – und gewann. 149 Einreichungen verzeichnete der deutschlandweit offene Wettbewerb, dazu acht Zuladungen ausgewiesener internationaler Museumsarchitekten. Staabs auch die Jury einstimmig überzeugende Grundidee besteht darin, das 5.500 Quadratmeter messende Grundstück zu teilen und einen gut 2.000 Quadratmeter großen Platz zu belassen. Statt also das Grundstück mit einem in sich nach geschlossenen und freien Flächen differenzierten Gebäude als »Stadt in der Stadt« zu füllen, wird der Stadt ein neuer Platzraum geschenkt. Diesen Platzraum begrenzt eine geschwungene gläserne Wand, die als Fassade das Museum ebenso abschließt wie zugleich den Passanten bereitwillig öffnet. Dazu sind die Sammlungsräume leicht diagonal in die Tiefe hin angeordnet, sodass der Blick von außen die Mehrzahl der Ausstellungsobjekte erkennen kann, bevor der Besucher das Haus betreten hat. Die Verbindung zwischen den beiden Ausstellungsetagen wird durch eine spiralförmige Treppe hergestellt, die sich als markanter Blickfang nahe dem Curtain wall der Glasfassade in die Höhe schraubt.

Der Blick auf den Grundriss unterstreicht, wie Staab die von ihm genutzte, unregelmäßige Grundfläche spannungsvoll gliedert. Die an der hinteren Baufluchtlinie ausgerichteten und daher schräg zur Fassadenlinie stehenden Sammlungsräume leiten zu einem eingestellten Kubus über, der auf der Eingangsebene das Foyer, im Untergeschoss einen Vortragssaal und im Zwischengeschoss den Saal für Wechselausstellungen aufnimmt. Wiederum im Winkel dazu sind die Räume für Verwaltung, Buchhandlung und Bibliothek als »Haus im Haus« angeordnet – eine Lösung, deren Logik sich aus der Lage des Grundstücks im Stadtgefüge erschließt. Zur belebten Einkaufsmeile der Luitpoldstraße hin war nämlich ein schönes, sandsteinverkleidetes Haus des Historismus einzubeziehen, das der Architekt um einen Anbau für Buchladen und Bibliothek ergänzt hat. Der Neubau nun lässt einen schmalen Durchgang von der Straße her frei,

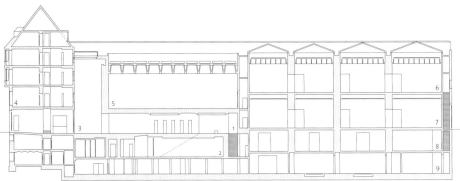

Längsschnitt
1 Eingangsfoyer
2 Vortragssaal
3 Lichthof
4 Verwaltung
5 Wechselausstellung
6 Ausstellungsräume Sammlung Kunst
7 Ausstellungsräume Sammlung Design
8 Depot
9 Installationsbereich

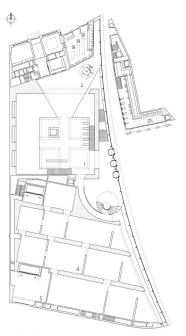

Erdgeschoss
1 Eingangsfoyer
2 Lichthof
3 Buchladen
4 Ausstellung Sammlung Design
5 Anlieferung
6 Museumscafé

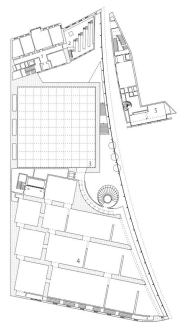

1. Obergeschoss
1 Verwaltung
2 Bibliothek
3 Luftraum Wechselausstellung
4 Ausstellung Sammlung Kunst
5 Design-Forum

eine Gasse, die den Passanten unwillkürlich anzieht. Denn als Seitenfront des satteldachgekrönten Gebäudes wird besagte Glasfassade erkennbar, die sich in die Tiefe zieht. Sie spiegelt eine weitere, die Gasse begrenzende Steinfassade, die erst beim Durchschreiten dieser Gasse als Fassade eines weiteren Neubaus – für das »Designforum Nürnberg« – erkennbar wird, der wiederum sich mit seiner Hauptfront auf den neu geschaffenen Platz öffnet. Die Glasfassade verhindert durch ihre konkave Wölbung, dass die Ausdehnung des Museumsgebäudes von der Einkaufsstraße her auf einen Blick zu erfassen ist. Sie will »erlaufen« sein. Um so spektakulärer zeigt sich das Bauwerk dann vom Klarissenplatz aus, der ein Zurücktreten ermöglicht, ja verlangt; und nun öffnet sich auch das Museum dem neugierigen Blick.

Staab hat für die Fassaden das wichtigste Material der Nürnberger Altstadtbebauung aufgegriffen, den fränkischen Sandstein, und kombiniert ihn mit Sichtbeton vor allem im Einbau für Foyer und Wechselausstellungshalle. Hinzu kommen weiß verputzte Wände, auch die großzügig flach ansteigende Treppe ist auf der Seite der inneren Spindel weiß geputzt, während die äußeren Wangen aus Glas bestehen und den Blick auf das Auf- und Absteigen der Museumsbesucher frei geben.

Lageplan

Literatur
Neues Museum (Hrsg.):
Ansichten zur Architektur –
Neues Museum in Nürnberg.
Stuttgart 2000.

Bauherr:
Stadt Schweinfurt
Standort:
Brückenstraße 20,
97421 Schweinfurt
Architekt:
Volker Staab, Berlin
Projektleitung:
Per Pedersen

Markant ist der Höhensprung zur kleinteiligen Nachbarbebauung – und zugleich aufgefangen durch die ausgeschnittene Ecke (links).
In diesen Eintiefungen liegen die Zugänge zum Museum (rechts).

Die »Terrasse« überspielt die ungünstige Vorgabe, das Museum auf einer Tiefgarage errichten zu müssen.

Schweinfurt: Kubus über der Tiefgarage

Volker Staab versteht es, Treppen zu inszenieren. Das zeigt auch sein zweiter Museumsbau, der ein halbes Jahr nach dem Nürnberger Komplex eröffnete Neubau für das Museum Georg Schäfer im unterfränkischen Schweinfurt. Die doppelte, zweiläufige Treppe macht den Absatz auf Höhe des mittleren der drei Geschosse des Gebäudes scheinbar zum Verteilungspunkt aller Bewegungsrichtungen, der vertikalen (über die Treppenläufe) wie der horizontalen zwischen den beiden, hier durch eine Brücke verbundenen Ausstellungsbereiche.

Das Museum Georg Schäfer hat eine Vorgeschichte, die derjenigen des Nürnberger Museums an Dauer und Enttäuschungen nicht nachsteht. Als Privatsammlung des Industriellen Georg Schäfer überwiegend in der frühen Nachkriegszeit zusammengetragen, überstieg sie an Umfang und Bedeutung bald den Rahmen der privaten Passion. Schäfers Sammlung der Malerei des 19. Jahrhunderts des deutschsprachigen Raumes ist mit ihren rund 5.000 Arbeiten nicht nur die bei weitem bedeutendste Privatsammlung ihrer Art. Bereits in den 60er Jahren gab es Überlegungen zu einem eigenen Gebäude, für die Schäfer unter anderem Ludwig Mies van der Rohe gewinnen konnte. Das Vorhaben kam jedoch nicht zu Stande.

Die doppelläufige Rampe vermeidet die Pathosform einer breiten Treppe.

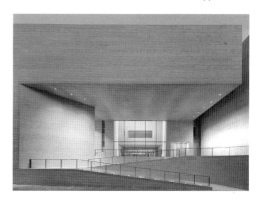

Überall Durchblicke:
Der von außen so blockhaft wirkende Bau ist im Inneren unerwartet licht.

Vielmehr kam es später zur Gründung einer Stiftung, die die Schäfer-Sammlung übernahm, und der Freistaat Bayern erklärte sich im Rahmen der »Offensive Zukunft Bayern« bereit, Bau- und Betriebskosten eines Neubaus zu tragen. Den 1997 ausgeschriebenen Wettbewerb gewann Volker Staab, übrigens noch ehe das Nürnberger Vorhaben überhaupt begonnen worden war. Dabei sah sich der Architekt wiederum mit einer ungünstigen Ausgangslage konfrontiert. In Schweinfurt stand nicht eigentlich ein Grundstück zur Verfügung, sondern es galt, eine knapp drei Meter aus dem Boden ragende Tiefgarage auf einer Fläche von 2.300 Quadratmetern zu überbauen. Zudem schließt sich das Areal einer vorhandenen Blockbebauung an.

Der Architekt entwickelte einen längs gerichteten, massigen Kubus, der die vergleichsweise geringe Grundfläche monumental überspielt. Zugleich gab er den drei Fassaden tief eingeschnittene Öffnungen, die das Bauwerk zwischen den kantigen Abschlüssen von Sockel und oberem Fassadenbereich weit öffnen und dessen Wuchtigkeit scharf kontrastieren. Dass kein ebenerdiger Zugang möglich war, überspielt Staab mit Treppen und Rampen, die das von Schinkel und Klenze geprägte Tempelmotiv in zeitgenössischer Formulierung aufgreifen

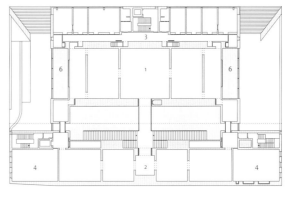

Ebene 2
1 Gemälde
2 Grafik
3 Verwaltung
4 Studienraum Grafik
5 Depot
6 Lichthof

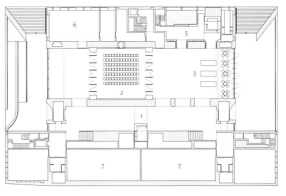

Ebene 1
1 Foyer
2 Vortragssaal
3 Garderobe
4 WC
5 Museumsbuchhandlung/Café
6 Museumspädagogik
7 Depot

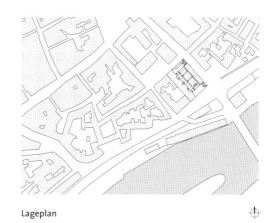
Lageplan

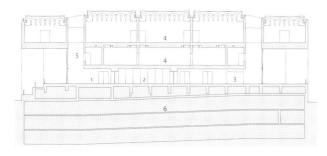

Längsschnitt
1 Foyer
2 Vortragssaal
3 Garderobe
4 Ausstellung
5 Lichthof
6 Tiefgarage

25

und den Besucher auf einen großzügigen Sockel führen. Im Inneren trennt die Treppenanlage den längsrechteckigen Bau nochmals der Länge nach und scheidet auf der Eingangsebene das Foyer von den oberirdisch untergebrachten Depoträumen sowie in den beiden Obergeschossen einen größeren von einem weniger als halb so großen Ausstellungstrakt. Die Treppen sind bei bequemer Stufenhöhe doch feierlich lang. Vor der mehrfach vor- und zurückspringenden Wand aus Sichtbeton, die das Gebäude bis zum scharf eingeschnittenen, schmalen Glasdach teilt, erreicht die Treppenanlage eine geradezu ornamentale Wirkung, und souverän spielt der Architekt hier mit dem Kontrast der Materialien Holz und Beton.

    Die Ausstellungsräume interpretieren das Vorbild des 19. Jahrhunderts mit (angedeuteter) Sockelleiste, Fischgrätparkett und Lichtdecken, aber nirgends biedern sie sich an die Epoche des Sammlungsgebietes an. Auf neutralem Grund werden die Gemälde gezeigt, und nur in wenigen Sälen hebt farbiger Anstrich einzelne Sammlungskomplexe heraus, am auffälligsten im weinroten Saal für die Kleinformate Spitzwegs, der auf diese Weise bewusst als einer der herausragenden Gestalten der deutschen Kunst des 19. Jahrhunderts präsentiert wird. Ansonsten vermeidet die Hängung auf einheitlicher Höhe jede Inszenierung, wie die zurückhaltenden Räume Staabs das ihre beitragen, die Konzentration des Besuchers auf das einzelne Werk zu richten. So ist in Schweinfurt ein klassisches Museum in zeitgenössicher Architektur entstanden; kein modernistischer Bau, sondern ein am überlieferten Typus des wissenschaftlich organisierten Kunstmuseums orientiertes Gebäude.

Beton, Eiche, Glas, dazu der Travertin des Bodens: Materialkontraste bestimmen das Treppenhaus (links außen). Unter Tageslichtdecken liegen die Säle der Dauerausstellung auf Ebene 2: hier ein Blick in den Kernbestand der deutschen Romantik. Die Verbindung der Säle erfolgt auf dieser Ebene über Eck (links). Der dramaturgische Höhepunkt des Treppenhauses ist der durchgehende, tageslichtbeleuchtete »Spalt«, der das Haus längs der doppelten Treppe unterteilt (unten).

Literatur
Per Pedersen (Hrsg.):
Museum Georg Schäfer.
Volker Staab Architekten.
Hamburg 2000.

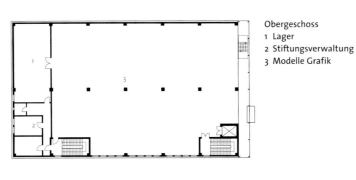

Obergeschoss
1 Lager
2 Stiftungsverwaltung
3 Modelle Grafik

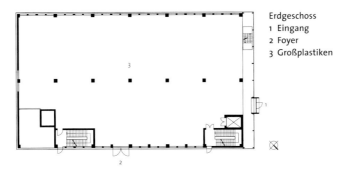

Erdgeschoss
1 Eingang
2 Foyer
3 Großplastiken

Bauherr:
Stiftung Alf Lechner,
Ingolstadt
Standort:
Esplanade/Halle 4a,
85049 Ingolstadt
Architekten:
Fischer Architekten,
München
Projektleitung:
Florian Fischer

Ingolstadt: Skulpturen in der Fabrikhalle

Einen radikal davon unterschiedenen Typus repräsentiert das Alf Lechner Museum in Ingolstadt – ein Künstlermuseum. Alf Lechner ist Stahlbildhauer und arbeitet seit über vierzig Jahren mit diesem spröden Material. In Ingolstadt bot sich dem in München geborenen und zeitlebens tätigen Künstler die Möglichkeit, sein Werk im Zusammenhang zu zeigen. Am Rande der einstigen »Bayerischen Landesfestung« Ingolstadt fand sich inmitten eines unansehnlichen Industriequartiers eine ehemalige Fertigungshalle der Automobilindustrie, die Platz und Tragfähigkeit für die Stahlskulpturen Lechners bot. Sie war bereits zum Abriss bestimmt, als der Bildhauer sie 1997 als geeignet auswählte.

Mit dem Umbau wurde das Münchner Büro Erhard und Florian Fischer beauftragt. Der Etat war gering. Lediglich zwei Millionen Mark konnten aufgewendet werden, von denen jeweils 750.000 Mark das Land und die Kommune, die restlichen 500.000 Mark der Künstler selbst beisteuerte. Die Architekten beschränkten sich auf wenige, allerdings prägende Maßnahmen. Zunächst klärten sie die zweistöckige Gebäudestruktur durch Beseitigung überflüssiger Einbauten und die Sanierung der sechs Shed-Dächer. Sodann setzten sie dem Gebäude auf der Nordseite eine konstruktiv frei stehende,

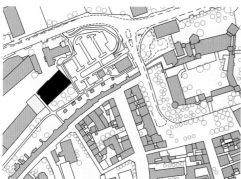

Lageplan

Die Shed-Halle ist der geeignete Aufstellungsort für die aus dem Industriellen stammenden Stahlskulpturen. Die Belichtung ist vollkommen neutral und nahezu schattenlos.

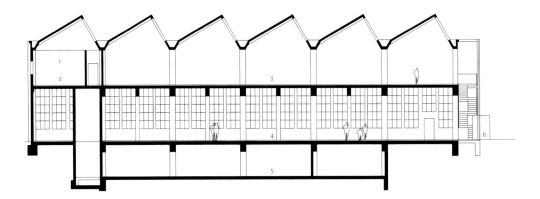

Längsschnitt
1 Stiftungsverwaltung
2 Lager
3 Modelle Grafik
4 Großplastiken
5 Werkstatt
6 Eingang

Vor die geöffnete Nordseite der Shed-Halle haben die Architekten eine frei stehende Glasfassade gestellt. Angedeutet wird der Inhalt des Museums durch die Skulptur auf dem Vorplatz, der zugleich eine beliebte Abkürzung für Fußgänger aus der rechts gelegenen Innenstadt darstellt (oben). Durch die Stahlverkleidung der Seitenfassaden wird die Industriehalle kostbar aus dem banalen baulichen Umfeld gehoben (gegenüber).

gläserne Fassade vor; und schließlich versahen sie die Gebäudehülle mit einer matt schimmernden Aluminiumhaut. Nach der Sanierung stehen jetzt insgesamt 2.200 Quadratmeter Ausstellungsfläche auf zwei übereinander liegenden Ebenen zur Verfügung. Die schweren Großskulpturen finden im Erdgeschoss Platz, kleinere Arbeiten sowie die Skizzen und Vorzeichnungen auf Papier werden im Obergeschoss gezeigt. Die erneuerten Sheds sind nunmehr mit Mattglas versehen, um direkte Sonnenbestrahlung zu vermeiden. Die hauptsächliche Lichtquelle ist die geöffnete Nordseite des Gebäudes, die durch die vollständige Verglasung der vorgesetzten Fassade indirektes, im wesentlichen von benachbarten Industriebauten reflektiertes Licht empfängt.

Als Leitmotiv aller Umbaumaßnahmen lässt sich größtmögliche Zurückhaltung gegenüber den ausgestellten Skulpturen ausmachen. »Mein ganzes Lebensziel ist die Einfachheit«, hat Alf Lechner einmal programmatisch erklärt. Im Umbau durch Erhard und Florian Fischer ist dieser Leitsatz architektonisch umgesetzt worden. Für ihre Glasfassade sind die Architekten mit dem »Deutschen Fassadenpreis 2001« ausgezeichnet worden. Die Raumhülle ist vollkommen neutral: alle konstruktiven Elemente, aber auch die ursprünglichen Fenster wurden weiß gestrichen. Das Licht ist vollkommen gleichmäßig und frei von jedem Schattenwurf. Das Rostrot der Stahlskulpturen zeigt sich frei von jedem Effekt. Die vorgestellte, selbsttragende Glasfassade gibt den Umbau zu erkennen: sie hält Distanz zur historischen Gebäudestruktur. So zeigt sich dem Blick von außen die Konstruktion des Gebäudes unverstellt: eine zweischiffige Halle, mittig auf ummantelten Stahlträgern ruhend. Allerdings wird die Konstruktion nur in dieser Perspektive erkennbar. Von den übrigen drei Seiten aus zeigt sich ein metallisch glänzendes, hermetisch verschlossenes Behältnis, das inmitten der Banalität eines von Stellflächen und Industriegebäuden geprägten Areals als kostbarer Solitär Aufmerksamkeit erheischt.

Wie ein Landesteg ragt der Ausguck des Museums auf schlanken Betonstützen bis in den See. Für die vorbeifahrenden Schiffe ist das Gebäude-Juwel im Sommer nur schwer in dem dichten Baumbestand auszumachen.

Bauherr:
Freistaat Bayern, vertreten durch das Staatliche Hochbauamt München I
Standort:
Am Hirschgarten 1, 82347 Bernried
Architekten:
Behnisch, Behnisch & Partner, Stuttgart
Landschaftsarchitekten:
Luz Landschaftsarchitekten, Stuttgart

Buchheims Arche Noah in Bernried

Ein Solitär von ganz anderer Art ist das »Museum der Phantasie«, das Haus für die Sammlung von Lothar-Günther Buchheim in Bernried am Starnberger See. Es entspringt einem Wettbewerb, der, 1996 ausgeschrieben, noch dem ursprünglich geplanten Standort in Feldafing galt. Ein Bürgerbegehren brachte das ambitionierte Vorhaben zu Fall. Bernried konnte mit einem grandiosen Grundstück, einem 80.000 Quadratmeter großen, zum Starnberger See abfallenden Park aufwarten. Wettbewerbssieger Günter Behnisch aus Stuttgart musste seinen Siegerentwurf nur unwesentlich modifizieren. Auch die Bausumme blieb mit 37,7 Millionen Mark im vorab festgelegten Rahmen, wenngleich sich die Finanzierungsstruktur im Laufe der Projekterarbeitung von dem ursprünglich in Aussicht gestellten, privaten Mehrheitsanteil zu Lasten des Landeshaushalts verschob.

Der ausgeführte Gebäudekomplex fügt sich dem neuen Areal auf ideale Weise ein. Behnischs Museumsbau hat durch den Standortwechsel eher noch gewonnen. Jetzt ragt das »Museum der Phantasie« wie ein Flugzeugträger aus dem sanft abfallenden Hügel über das von hohen Bäumen dicht bestandene Ufer hinaus bis auf den See. Der Steg, der die Längsrichtung des Gebäudes akzentuiert, erhebt sich auf dünnen Rundpfeilern allerdings in zwölf Metern Höhe – kein Landungssteg, sondern ein Ausguck. Behnisch lässt die Vielfalt und Komplexität der Sammlungen bereits in der Silhouette seines Ensembles erahnen: »Vier Museen unter einem Dach«, lautet das bezeichnende Motto für die Präsentation der kunst- und kulturhistorischen Bestände, die gattungsspezifische, geografische und historische Abgrenzungen souverän überspielen. Das »Museum der Phantasie« bietet keinen einheitlichen, in seiner Struktur unmittelbar nach dem Betreten zu erfassenden Baukörper. Stattdessen zeigt sich ein Konglomerat von einander ergänzenden und durchdringenden Räumen, die jeden zielstrebigen Rundgang durch das stete Angebot überraschender Treppen und Übergänge in eine dem verheißungsvollen Namen des Museums gemäße Entdeckungsreise verwandeln.

Insgesamt sechs Ebenen weist der Baukomplex auf, der bei annähernd 6.000 Quadratmetern Bruttogeschossfläche immerhin 3.200 Quadratmeter für Ausstellungszwecke bietet. Allerdings türmt sich das Gebäude in einzelnen Abschnitten zu unterschiedlicher Höhe auf. Allein die »Ausstellungsebene 0« verbindet alle Bauteile. Darüber erhebt sich hangseitig ein kantiger »Turm«, während sich seeseitig ein breit

Der Steg lockt zum Blick über den Starnberger See (oben). Erst aus dem Abstand erschließt sich das komplizierte Gefüge von Kuben, Dächern und Terrassen. Die Vertikalität der Anlage ist eindrucksvoll durch das Weiß der Betonbänder betont (Mitte). Ähnlich ist auch die seeseitige Gebäudefront akzentuiert. Eine herkömmliche Fassade fehlt (unten).

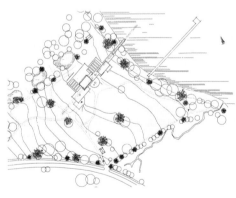

Lageplan

gelagerter Bauteil erstreckt. Von dem Turmgebäude aus weist ein aufregend weit vorspringender Balkon zum Ufer, eine Bewegung, die der in den See ragende Steg fortführt. Überall zeigen sich Motive der an Schiffen und ihrer Dynamik orientierten Architektur der klassischen Moderne: Balkone und Terrassen wie Kommandobrücken, weiß gestrichene metallene Relings sowie Holzverkleidungen, sowohl horizontal als Beplankungen der Terrassen wie vertikal als Fassaden; ja selbst der Turmbauteil wirkt in der Gesamtsilhouette wie ein stilisierter Schiffsaufbau aus Brücke und Schlot. Behnisch überspielt die Grenze zwischen Innen und Außen mit großzügigen Verglasungen, durch die an vielen Stellen Geländer hindurch zu gehen scheinen. Die dominierende Rechtwinkligkeit wird lediglich an zwei Stellen markant durchbrochen: bei der geschwungenen Eingangsterrasse am oberen Hang und bei der zylindrischen Cafeteria auf der unteren Ebene, die im Übrigen unabhängig vom Museum genutzt werden kann und daher baulich autonom organisiert ist.

Behnischs Spiel mit Flächen, sowohl der horizontalen der gegeneinander versetzten, immer wieder über lokale Treppen erschlossenen Ebenen als auch der vertikalen der einzeln gesetzten Wandflächen, ruft die Architekturvisionen frühsowjetischer Konstruktivisten wie Leonidow oder Tschernikow ebenso in Erinnerung wie die der Bewegung »De Stijl« und ihres Protagonisten Theo van Doesburg. Allerdings versagt sich Behnisch im Unterschied zu diesem jedwede Farbigkeit. Er lässt insbesondere das Holz wirken und gibt ihm mit dem Weiß der verputzten Wände und dem filigranen Gerüst der ebenfalls strahlend weißen Geländer einen leuchtenden Hintergrund. So groß das Gebäudeensemble tatsächlich ist, es bietet sich dem Besucher als eine überraschend offene und zugängliche, gegliederte Landschaft dar, die jede Schwellenangst vor einem herkömmlichen Museumsbesuch schon von ferne verscheucht. Hier ist ein Schiff vor Anker gegangen, dies die Botschaft Behnischs, ein Abenteuerschiff, das jederzeit betreten und verlassen werden kann, wie immer es dem besuchenden »Entdecker« der zahlreichen, miteinander architektonisch in Korrespondenz gebrachten Sammlungsteile beliebt.

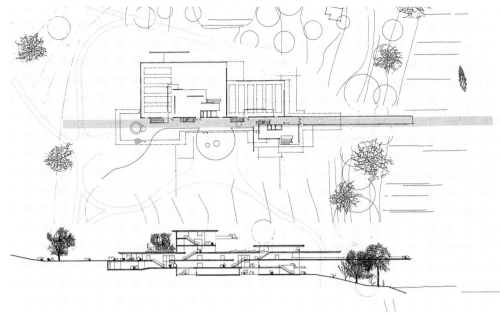

Erdgeschoss
und Längsschnitt

Großzügige Fensterflächen erlauben überall Ausblicke in die Umgebung. Auch im Inneren zeigt sich das Buchheim-Museum als Raumkontinuum, das den Besucher zur Entdeckung immer neuer Räume auf den verschiedenen, teils ineinander geschobenen Ausstellungsebenen verlockt. Die Motivwahl aus der Schiffsarchitektur ist unverkennbar.

Die vier vorgestellten Gebäude repräsentieren die zeitgenössische Spannweite der Aufgabenstellung »Museum«. Das gattungsübergreifende Museum in Nürnberg, das kunsthistorische Bildungsmuseum in Schweinfurt, das Künstlermuseum in Ingolstadt und schließlich das eigenwillige Sammlermuseum in Bernried: Diese vier Häuser verkörpern zugleich unterschiedliche, gleichwohl der Moderne im weitesten Sinne verpflichtete architektonische Ansätze. Im Spektrum der bayerischen Museen erwarten sie die Vervollständigung durch die dritte Pinakothek, die in der Landeshauptstadt München vor der Vollendung steht, und die baulich den »fünften«, den Typus des Universalmuseums repräsentiert.

Bernhard Schulz

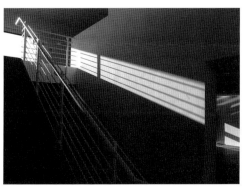

Wohnhaussiedlung
Maßmannplatz,
München 1948–1951

Musische Bildungsstätte
Remscheid 1956–1958

Ferienhaus R. in Lenno
1958–1960

Kraftfahrzeugwerkstätte
in Feldkirchen 1959–1961

Bildhauerwohnhaus und
-atelier in Glonn-Haslach
1960–1962

Leidenschaft statt Formalismus
Interview mit Werner Wirsing

Werner Wirsing

Das Interview führte
Dr. Inez Florschütz. Sie ist
wissenschaftliche Assistentin am Architekturmuseum
der TU München und hat
ein Faible für die 50er-Jahre-
Architektur.

Herr Wirsing, Sie haben unmittelbar nach dem Zweiten Weltkrieg an der damaligen TH München Architektur studiert, von 1946 bis 1949. Sie sind anschließend in den Beruf eingestiegen und heute immer noch als bauender Architekt tätig. Was würden Sie einem Architekturstudenten mit auf den Weg geben?

》 Natürlich hat sich inzwischen viel geändert. Aber das Essenzielle des Architekt-Seins ist es ja gerade, Veränderungen zu verarbeiten, jede Aufgabe als eine neue zu begreifen und Routine zu vermeiden. Dazu bedarf es – entschuldigen Sie diesen Anflug von Pathos – der Leidenschaft. Was nicht neu ist. Aber es ist sicher schwieriger geworden, sich im beruflichen Alltag die Leidenschaft zu erhalten, muss man doch immer stärker darauf achten, nicht über die vielen Knüppel zu stolpern, die einem ignorante Bürokraten, in Gestaltungsfragen überforderte Politiker und profitgierige Investoren zwischen die Beine werfen. Aber wahre Leidenschaft meint natürlich auch – das Wort selbst verrät es ja schon – die Bereitschaft zu leiden. Was ich jedem künftigen Architekten deshalb mit auf den Weg geben möchte, sind Mut und Durchhaltevermögen. 《

Musikerhaus
in Glonn-Haslach
1960–1962

Kirche Menschwerdung Christi
in Nürnberg 1964–1972

Wie sehen Sie den Einfluss der neuen Medien auf die Arbeit im Architekturbüro?

» Dass etliche Tätigkeiten ohne die neuen Werkzeuge kaum mehr vorstellbar sind, ist mir selbst in meinem Kleinbüro klar geworden, oder besser: klar gemacht worden. Nun bin ich – nach Jahrzehnten im Beruf – zwar fasziniert von den ungeahnten Möglichkeiten und der großen Arbeitserleichterung dieser Werkzeuge, aber ich werde dennoch ein paar Verunsicherungen nicht los. Ich empfinde es eher als verführerischen denn als kritischen Arbeitsschritt, so locker druckreife Präsentationen abrufen zu können, insbesonders wenn es um die dreidimensionalen Darstellungen mit ihrer vielfältigen Manipulierbarkeit geht. Selbst mäßige Konzepte sehen da plötzlich ganz passabel aus. Verleitet das nicht zu voreiliger Zufriedenheit? Meine Erfahrungen in der Arbeit mit Studenten bestätigen mir das. «

Ihre erste berufliche Aufgabe war die Leitung des Baubüros des Bayerischen Jugendsozialwerks, von 1949 bis 1954. Rückblickend zeigt sich, dass Sie hier bereits einen Schwerpunkt Ihres weiteren architektonischen Schaffens gelegt haben, des Bauens für die Jugend. Glauben Sie, dass das »Bauen für die Jugend« heute noch eine Aufgabe ist?

Flachbauten des Studentenviertels Oberwiesenfeld in
München 1968–1972 (oben)

Bebauung Perettistraße-Webergasse in Eichstätt
1978–1984 (unten)

Studentenwohnheim
Großhadern II
1998–2000

» Dessen bin ich sicher. Denken Sie nur an die klassischen Einrichtungen wie Schulen, die fortlaufend aktualisiert werden müssen – auch baulich. Und denken Sie an das Programm gemeinsamer Wohnhäuser für Studenten, das nach Kriegsende für Mitteleuropa eher neu war und einen meiner Arbeitsschwerpunkte ausmachte. Übrigens habe ich mich schon vor meiner Zeit im Baubüro des Bayerischen Jugendsozialwerks damit beschäftigt, so um 1947. Damals erlebte ich eine heute unvorstellbare Wohnungsnot, meine Kommilitonen hausten in Ruinen und Zelten. Da begann ich, an Entwürfen für Notunterkünfte herumzuzeichnen, die sich im Eigenbau mit Trümmermaterial herstellen ließen. Das führte über einige Umwege zur Realisierung der »Wohnheimsiedlung für Jungarbeiter und Studenten am Maßmannplatz«. Im Herbst 1948 bezogen die ersten 30 Bewohner den selbst gebauten ersten Bauabschnitts. «

Die Möglichkeit überschaubarer Begegnung in kleinen Wohngruppen, wie bei der Wohnheimsiedlung am Maßmannplatz, haben Sie zum »eigenen kleinen Häuschen« in der Studentenstadt des Olympischen Dorfes weiterentwickelt. Sehen Sie hier auch für die heutige Jugend ein Modell?

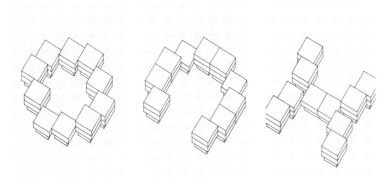

Studentenviertel Oberwiesenfeld in München, Vorplanung Anfang der 60er Jahre. Quadratische Pavillons mit vertikal aufgebauten Wohngruppen. Zugang von außen über einen öffentlichen Weg oder Platz, halböffentlicher Gemeinschaftsbereich im Erdgeschoss, private Individualräume oben. Es gab Serien von Typen-, Gruppierungs- und Konstruktionsvarianten.

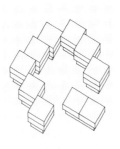 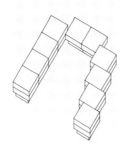 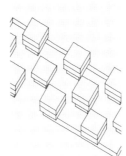 

>> Das Studentenviertel Oberwiesenfeld war keine Weiterentwicklung, sondern ein Anti-Modell zum Maßmannplatz. Die ›Wohngruppe‹ war zum Standard geworden, gegen den die 68er-Studenten massiv aufbegehrten. Sie waren einer Gemeinschaft überdrüssig, die durch Zufall entstand, wenn die Studenten einfach in die Gruppenwohnungen eingewiesen wurden. Stattdessen forderten sie autarke Individualität. Dem Studentenwerk leuchtete das ein. Die Konsequenz war: Jedem das eigene, von gemeinschaftlicher Organisation unabhängige Refugium mit der eigenen Haustür. Tatsächlich beobachteten die Soziologen in der Folge, dass sich in dieser Wohnform ein besonders intensives Gemeinschaftsleben entwickelte. Allerdings schwang das Pendel in den folgenden dreißig Jahren auch wieder zurück in Richtung ›Wohngruppe‹, nun lieber ›Wohngemeinschaft‹ genannt. Überhaupt – inzwischen artikulieren die Studierenden ihre Bedürfnisse zunehmend differenzierter, und die Palette studentischer Wohnformen vergrößert sich. Von einem bevorzugten Modell kann man heute nicht mehr sprechen. Um den offenkundig pluralen Ansprüchen gerecht zu werden, beinhalten neue Häuser zunehmend nicht eine, sondern eine Mehrzahl von Wohnformen. <<

1966 bekam München den Zuschlag für das Ausrichten der Olympischen Spiele 1972. Das Oberwiesenfeld sollte das Zentrum werden und das geplante Studentenviertel ein Teil des Olympischen Dorfes. Es kam jedoch zu einem Planungsaufschub, und währenddessen zu einer neuen Definition studentischer Wohnbedürfnisse: weg von der Wohngruppe – hin zum autarken Appartment.

Mit welchen Aufgaben beschäftigen Sie sich heute?

>> Wohlwollende Auftraggeber erlauben mir, immer wieder an meine Anfänge anzuknüpfen. Das heißt, ich beschäftige mich in der Hauptsache mit studentischem Wohnen. Dabei sind im vergangenen Jahrzehnt das Modernisieren und das Erweitern der Häuser aus den 50er und 60er Jahren vordringlich geworden. <<

Ein Kennzeichen ihrer Architektur ist die »Zurückhaltung«, man könnte von Anonymität sprechen. Es existiert sozusagen kein »Wirsing-Stil«. Wenn man die heutige Architekturszene betrachtet, zeigt sich das genaue Gegenteil: Stararchitekten bauen mit stilisierter Handschrift und schnell wechselnden Stilen und Moden. Wie stehen Sie dazu?

>> Ich sehe in jeder Bauaufgabe eine neue, eine andere als die vorhergehende – selbst bei ähnlichen oder gar gleichen Programmen. Die äußeren Bedingungen, vor allem aber die betroffenen Menschen sind nie identisch. Es liegt nahe, dass spezifische Voraussetzungen auch zu spezifischen, unverwechselbaren Gestaltungen führen. Mich darum zu bemühen, fällt mir schon schwer genug. Zum gleichzeitigen Pochen auf die formale Unverwechselbarkeit meiner Urheberschaft reicht mein gestalterisches Vermögen nicht. Und so nebenbei denke ich, dass diese Art von Qualität für das Lösen von Bauaufgaben auch nicht relevant ist im profanen und sozialen Bereich, in dem ich meinen Platz sehe. <<

Sie sind einer der Vertreter der Moderne in der Münchner Nachkriegsarchitektur. Bis heute haben Sie diesen Weg konsequent und

Grundriss und Schnitt

Lageplan
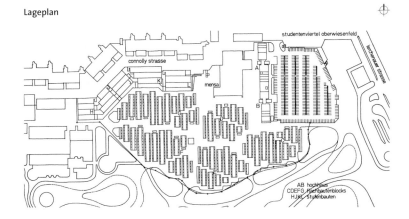

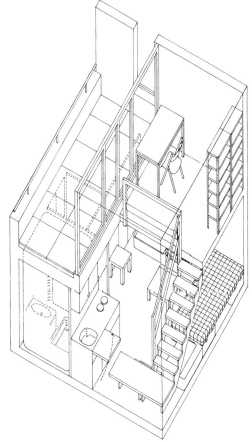

heute haben Sie diesen Weg konsequent und unbeirrbar verfolgt. Hat die Moderne Ihrer Meinung nach eine Zukunft?

›› Dass die Moderne in der Architektur auch heute noch eine Zukunft hat, kann ich gar nicht in Frage stellen, da ich in ihr keinen abgeschlossenen Vorgang zu begreifen vermag, sondern einen weiter führenden Prozess sehe. Ich spreche natürlich von ihren Inhalten, nicht von den allzu beliebten Missverständnissen und den Formalismen, mit denen sich Epigonen und Neo-Eklektiker beschäftigen. Ich kann es mir einfach nicht vorstellen, was wäre, wenn es die Moderne nicht gegeben hätte und gäbe. Zwar bietet die gegenwärtige Architekturszene ein Feuerwerk großartiger origninärer Einzelaussagen und ein ganz erstaunliches Nebeneinander heterogener Richtungen von jeweils hoher Qualität, doch glaube ich, selbst dort Anknüpfendes und Weiterführendes im Sinne der weit voraus schauenden Intentionen der Moderne zu erkennen. ‹‹

Die Flachbauten des Studentenviertels Oberwiesenfeld in München: Wohn-Schlaf-Studier-Würfel mit zwei Ebenen und ausgeschnittener Dachterrasse. Der Zugang zum »eigenen« Haus erfolgt jeweils direkt von schmalen Gässen und Plätzen aus, wo Begegnungen die Kommunikation untereinander fördern.

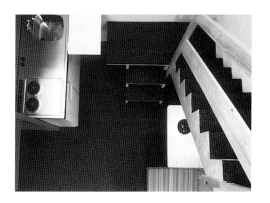

Porträt:
Hermann Hiller

Hermann Hiller

Peter Richter, Jahrgang 1973, ist Redakteur für Kunst und Architektur bei der »Frankfurter Allgemeinen Zeitung«. An Bayern schätzt er, dass dort anscheinend »die Welt noch in Ordnung ist«. Auch wenn er selbst am liebsten lebt, wo sie in Unordnung ist: in Berlin.

Könnte passieren, dass einem braven Wandersmann der Knotenstock aus der Hand rutscht vor Schreck: Die Russen sind da, mitten in Bayern, auf Schloss Guttenburg am Inn. Revolution oder Schlimmeres, da wo die Welt, wie man so sagt, noch in Ordnung ist. Haben ihre MiG direkt neben einem barocken Pavillon mit Zwiebeltürmchen geparkt. Sind austreten gegangen oder verwüsten gerade den Golfplatz. Währenddessen steht irgendwo in dem Schloss Nico Forster am Fenster und freut sich über die Verwirrung, die er da mit seinem ausrangierten Kampfjet anrichtet. Hergerichtet hat er immerhin genug. Und zwar zur Zufrieden-

Selber bauen

heit der Freunde bayerischer Burgenlandschaften das mittelalterliche Schloss Guttenburg. Der Mann hat in der Telekommunikations-Branche genügend Geld verdient, um sich vor zwei Jahren Schloss und Park zu kaufen und jetzt noch einen Neubau daneben zu setzen. Irgendetwas mindestens so Schnittiges, Schnelles, Scharfkantiges wie die MiG, die er sich gleichsam als Gartenmöbel angeschafft hatte. Nun ist Bauen bekanntlich eine kostspielige Sache. Da bei Forster die Kosten aber ziemlich egal sind – die Firma des Bauherrn baut selbst, die Kosten lassen sich mit zwischen vier und zehn

2
Neue Lässigkeit

Millionen Mark nur vage einschätzen – weil also die Kosten egal sind, ist das Spiel, das in dem Wort ja auch noch drinsteckt, eigentlich das Wichtigere. Ein Glückspilz, wer da als Architekt zum Spielkameraden erkoren wird. Es ist der Münchner Hermann Hiller, der das größte Geschenk bekommen hat, das einem in dieser Zunft zuteil werden kann: gänzlich ohne Zeit-, Kosten- und Funktionszwänge ein Kunstwerk bauen dürfen. Diese Gunst mag den 38 Jahre alten Hiller auch deshalb ereilt haben, weil er in München nicht nur Architektur sondern auch Bildhauerei studiert hat und der gleichaltrige Bauherr ausdrücklich einen »Künstlerarchitekten«

wünschte. Hiller, der vorher nebeneinanderher Künstler und Architekt war, darf hier nun also beides zugleich sein. In einem Gemeinschaftsakt, der die herkömmlichen Grenzen zwischen Bauherrn und Architekten sprengte, haben sie dann ein Haus entworfen, das von oben grob gesagt aussieht wie eine zittrige Wünschelrute, die auf ein besonders heftiges Magnetfeld gestoßen ist. Ein langer dünngliedriger Baukörper schwingt sich da flach an der Hangkante entlang und wird etwa in der Mitte von einem gekrümmten höheren Flügel durchstoßen. Man könnte an ein verbogenes Barockschloss denken, an eines mit krummnasigem Haupt-

4 Die Bilder müssen Augen bekommen und dürfen nicht nur Objekte sein

haus und überlangen Galerien, an deren verdickten Enden jeweils eine Mischung aus Risalit und Treppenturm Halt gibt. Oder: an kalligrafische Gesten, die da einer temperamentvoll in die Landschaft getuscht hat. Damit liegt man dann sogar goldrichtig. Denn der Ausgangspunkt für den Bau war

5 Arbeite nur mit Maschinen vom Schrottplatz

eine Zeichnung des Künstlers Alex Nüsslein, der zeichnerische Nachvollzug einer Augenbewegung. Wiederum in symbioter Zusammenarbeit mit Bauherrn und Grafiker hat Hiller aus dieser Vorlage gleichsam eine dreidimensionale, begehbare Skulptur entwickelt – sozusagen als erstes Exponat eines Skulpturengartens, den Forster da einrichten möchte. »Der Einsatz, für die Schönheit schlimmstenfalls pleite zu gehen. Das begeistert mich einfach«, schwärmt er über sich selbst. Und Hiller erzählt glücklich davon, wie er sich hier um Nutzräume wie Toiletten ausnahmsweise mal als Allerletztes kümmern musste. Flauberts Verdikt über solche Architektur-Künstler, die allesamt Schwachköpfe seien, weil sie immer die Treppen im Haus vergäßen, das träfe Hiller allerdings ganz und gar nicht. Im Gegenteil. Der Bau ist im Inneren ein einziges durchtrepptes Möbiussches Band. Ein Fluss von undefinierten Räumen, der kreuz und quer durch die Flügel und Geschosse mäandert. Eine filmische

3 Selber aufmessen

6 Baue nichts ohne Baustellenästhetiker

Abfolge von Raumeindrücken in der Tradition von Le Corbusier bis Rem Koolhaas wird den Indoor-Flaneur dort erwarten. Und sehr viel Licht. Fast nur Glas und Stahl stemmen den Bau zwischen dem mittlerweile anscheinend obligatorischen Sichtbeton im Untergeschoss und einem aus Stahl und Kupfer im Wortsinne zusammengewebten Dach, das bestimmt beim Verwittern später wundervoll in den bayerischen Abendhimmel funkeln wird. Wie in solchen überbelichteten, gezielt verunklärten Räumen allerdings die Kunstwerke wirken werden, ist genauso unklar wie die Beschaffenheit jener ominösen Sammlung. Beides soll sich erst bei der für Oktober 2002 geplanten Eröffnung zeigen. Dann muss sich erweisen, ob Bilder und Skulpturen überhaupt eine eigenständige Strahlkraft entwickeln können in diesem selbst schon so durchinszenierten Ambiente. Einstweilen entsteht da immerhin ein ästhetisches Manifest gegen die modische Rhetorik des »Einfachen« und »Ehrlichen« dieser Tage. In diesen ja auch nicht unbedingt preisgünstigen Askese-Zeitgeist hinein ruft Hiller beinahe wie ein trotziges Kind: Ja zur Schminke. »Warum soll man nicht mit Masken spielen, wenn man die Chance hat, all das zu nutzen, was man eben nutzen kann?« Hiller spricht von einem Gegenprogramm zur Leidenschaftslosigkeit im Bauen. Und diese enorme Sinnesfreude, die einem süddeutschen Duodez-Barockfürstenschloss ja immerhin ziemlich nahe kommt, die war es wohl auch, die alle im ländlichen Raum zu erwartenden Widerstände meistens in Begeisterung umschlagen ließ. Warum auch nicht stolz sein auf etwas, wofür Hiller 1999 den Förderpreis der Stadt München erhalten hat? Soweit das abzusehen ist, wird das Haus sehr schön. Wer Zaha Hadids zackige Feuerwache in Weil am Rhein mag, wird auch das schätzen. Aber es wird ihm dann auch eine leise Trauer der Vollendung anhaften. Denn wenn es fertig ist, dann ist auch ein Prozess vorüber, der das eigentlich Interessante bei der Sache ist. Der Künstler in Hiller ist dem Architekten zur Seite gesprungen und hat den Bauprozess als sinnlich-intellektuelles Erlebnis freigelegt, gewissermaßen die Bauzäune niedergerissen, hinter denen die Phase zwischen Entwurf und Schlüsselübergabe immer irgendwie schamhaft versteckt wird.

7 Baue nicht schlüsselfertig sondern schlüssig

Hermann Hiller arbeitet seit zwölf Jahren im Grenzbereich Gebrauchskunst, Mode, Kunst und Architektur. Wenn er nicht baut, entwirft er Taschenkleider (2000), Maßkleider (1998), Raumtaschen (1994) oder Taschenlampen (2000, mit Toni Thiele). Helden haben kein Gepäck, heißt das Video aus der Freien Klasse München, dem die Stills entnommen sind.

Nach dem Vorbild der Filmemacher um Lars von Trier haben Hiller, Forster und zwei Freunde zehn Dogmen darüber formuliert. Da schwingt natürlich ein wenig der rigide Schick des Totalitären mit. Aber tatsächlich zielt dieses mosaisch anmutende Gesetzeswerk eher auf anarchische Freiheit. Es sind zur Provokation zusammengepresste Haltungen, die sich beim Bauen selbst entwickelt haben. Dass es sie gibt, steht für ein Sich-bewusst-Machen, was man da eigentlich tut. Inhaltlich plädieren sie allesamt für ein Bauen als weitgehend ergebnisoffenen, lustvollen Prozess. Sie lauten zum Beispiel »Selber bauen«, »Selber aufmessen«, »Baue nicht schlüsselfertig sondern schlüssig«. Sie fordern eine »neue Lässigkeit« gegenüber Aufgaben und Problemen; und ganz generell »neue Heiterkeit«. »Arbeite nur mit Maschinen vom Schrottplatz«, dann gibt es zwar ständig Ausfälle, aber es wird der Bastler im Bauarbeiter geweckt und die emotionale Anteilnahme an der gemeinsamen Arbeit beflügelt. Wenn da außerdem »Baustellen-Ästhetiker« angemahnt werden, unkalkulierbare Störungen des Betriebs, mediale Propaganda über die Abläufe, und »Wetten, was aus dem Bau wird«, dann ist das eine konsequent anarchistische Überspitzung von Baustellen-Shows wie zuletzt am Potsdamer Platz in Berlin. Hiller, der mit Kollegen in einem Ladenbüro in Münchens Nymphenburger Straße arbeitet, das man sich ebenfalls gut im punkigen Ambiente von Berlin-Friedrichshain vorstellen könnte, inszeniert da in Guttenburg ein Bauen des Krawalls. Und Kollegen, die eingesargt unter schweren Kostendeckeln Eigentumswohnungen oder Einkaufszentren planen müssen, werden einigermaßen ratlos über diese Dogmen sein. Aber künstlerische Interventionen in den Alltag kommen nun einmal aus privilegierten Nischen. Dies hier darf man als verzweifelt lauten Gegenentwurf verstehen zu einer real existierenden Architekturpraxis, wo unter dem Druck von Investoren eine unglückliche Mischung aus Demiurg und Finanzbürokrat von seinem Reißbrett aus den Bau über unzählige Konflikte hierarchisch nach unten delegiert. So avantgardistisch das Haus auch daherkommt, seine Haltung hat eher was vom mittelalterlichen Kathedralbau. Das pointiert aber den gerade in Deutschland so schwerwiegenden Konflikt mit der anonymen Perfektion, der Größe und dem Utilitarismus des angloamerikanischen und zunehmend auch internationalen Architekturbetriebs. Dass die Welt ab jetzt nach den zehn Dogmen baut, ist zwar nicht unbedingt anzunehmen. Aber wenn Hiller und sein Bauherr derartige Dogmen verkündend spannende Architektur in eine verträumte Landschaft setzen, dann setzen sie vielleicht auch wieder ein paar Träume in überspannte Architektenköpfe. Und das ist doch schon mal etwas.

Peter Richter

Bauherr:
Geschwister Holy Gbr, Metzingen
Standort:
Herrnstraße 42–44, 80539 München
Architekten:
Herzog & de Meuron, Basel
Landschaftsarchitektin:
Susanne Burger, München

Metamorphosen
Herzog & de Meurons Bürogebäude in der Münchner Herrnstraße

Hubertus Adam, geboren 1965 in Hannover, ist als Redakteur der Zeitschrift »archithese« und freier Architekturkritiker in Zürich tätig. Da die Basler Herzog & de Meuron zwar den Schweizer Architekturdiskurs maßgeblich prägen, an der Limmat aber noch nicht bauen konnten, sind bisweilen Reisen an den Rhein von Vorteil – oder, wie in diesem Fall, an die Isar.

Mit München ist das Œuvre von Herzog & de Meuron in mehrfacher Hinsicht verbunden. Die Sammlung Goetz (1989–92), zweifelsohne eines der frühen Hauptwerke des Büros, machte die Basler Architekten einem internationalen Publikum bekannt; noch während der Bauzeit präsentierten sie ihre Arbeiten im Kunstverein München. 1994 gelang mit dem Konzept für das Areal der Hypo-Bank an der Theatinerstraße der erste Sieg in einem internationalen Wettbewerb – der erste Bauabschnitt des nach der Fusion von Hypo- und Vereinsbank grundsätzlich überarbeiteten Projekts wurde im Frühjahr eingeweiht.

Verglichen mit den im Entstehen begriffenen »Fünf Höfen« hat das gläserne Haus an der Herrnstraße bisher wenig Aufmerksamkeit erfahren. 1996 entworfen, konnte mit dem Bau gleichwohl erst zwei Jahre später begonnen werden: Gläserne Fassade und flaches Dach harmonierten schwerlich mit der konservativen, gemeinhin sich nicht durch Wagemut und Lust zum Experiment auszeichnende Münchner Baugesinnung, und es bedurfte der Fürsprache seitens der Stadtbaurätin, um das Projekt schließlich zu realisieren. Es befindet sich unweit des Hofbräuhauses, also mitten in der Münchner City, und bildet den Teil einer Blockrandbebauung, die hier einer ins Blockinnere führenden Stichstraße wegen unterbrochen ist. Der Neubau gliedert sich mithin nicht in eine Abfolge von Bauten ein, sondern besitzt eine exponierte Stellung; er tritt nicht allein als Fassade in Erscheinung, sondern als Volumen. Nur mit einer Schmalseite grenzt er an ein Nachbargebäude, drei Seiten öffnen sich zum öffentlichen Raum.

Im Grunde handelt es sich um ein einfaches, um nicht zu sagen: konventionelles Gebäude. Eine Ladenzone im Erdgeschoss, die ihre Fortsetzung im Untergeschoss findet, darüber vier identische Büroetagen, ein hölzernes Penthouse zuoberst. Einfach ist auch die Konstruktion: Geschossplatten werden durch drei Reihen runder Stahlbetonstützen getragen und vom Erschließungskern stabilisiert, der an die Brandwand des Nachbarhauses angrenzt. Aus der Orthogonalität der Grundrissgeometrie schert lediglich die Stirnseite aus – ein Kunstgriff, mit dem Herzog & de Meuron auf die städtebaulich markante Situation reagieren. Obwohl nur ein kleiner Winkel des Volumens vorspringt, wirkt das Gebäude auf Grund des markanten Knicks in der Fassade expressiver als es eigentlich ist. Der Neubau ersetzt ein aus zwei Häusern bestehendes Hotel, und dabei musste ein zweigeschossiges, der Stichstraße zugewandtes Gebäude als Volumen erhalten bleiben. Ein Abriss des bestehenden

Je nach Tageszeit verändert das Haus an der Herrnstraße sein Gesicht. Bei Sonnenschein fahren Stoffbahnen über die ondulierenden Führungsschienen und verhüllen die Kubatur, als handele es sich um eine japanische Lampe: Aus Transparenz wird Opazität (gegenüber und oben). Der Eingangsbereich erhält durch die Verwendung von Tombakblech eine nobilitierende Note. Die schimmernde Verkleidung lässt den Erschliessungsbereich größer wirken als er in Wirklichkeit ist (links).

Der gläserne Neubau übernimmt eine städtebauliche Scharnierfunktion. Einerseits setzt sein Volumen die bestehende Blockrandbebauung fort, andererseits wird er an der Ecke zu einer Erschließungsstraße zu einem markanten Zeichen im urbanen Gefüge der Münchner City. Der Knick in der stirnseitigen Fassade akzentuiert die exponierte Situation.

Lageplan

Baus hätte wegen baurechtlicher Bestimmungen den Verzicht auf den Annex bedeutet, und daher wurde die rückwärtige Erweiterung mit viel Aufwand renoviert.

Die völlige Transparenz der Geschosse bildete den Ausgangspunkt des Entwurfs für das Hauptgebäude. Da indes nicht die ursprünglich avisierten Modefirmen einzogen, sondern der Großteil der Geschossfläche von einem kommerziellen TV-Sender genutzt ist, wurde die Großzügigkeit der Geschossgrundrisse zugunsten konventioneller Zellenbüros suspendiert. Die ursprüngliche Idee des Hauses als einer Membran zwischen Hinterhofareal und Stadt ist visuell nicht mehr erfahrbar. Obwohl die Bauaufgabe Bürogebäude dem Gestaltungswillen von Architekten nur bedingten Spielraum lässt, überzeugt das Haus in der Herrnstraße durch seine wohlkalkulierten und perfekt materialisierten Details. Etwa durch die Tombakblechverkleidung, die den polygonalen Windfang größer erscheinen lässt als er in Wirklichkeit ist und ihm eine repräsentative Note verleiht, oder durch den dunkelgrau eingefärbten Beton der Treppenhauswangen.

Die Fassaden sind völlig verglast und gliedern sich in geschosshohe Elemente, alternierend fest fixiert und als Schiebeflügel ausgebildet. Dennoch entgrenzt sich das Haus nicht völlig nach außen: Heizkörper und Deckenverkleidungen bilden eine visuelle Klammer, welche zu einer subtilen Raumgrenze wird. Das auffälligste Merkmal aber stellt zweifelsohne das vorgehängte, aus Baubronze gefertigte Gitterwerk für den Sonnenschutz dar. Gewellte vertikale Führungsschienen und horizontale Stangen, die zugleich Brüstungsfunktion übernehmen, bilden eine filigrane Struktur, welche sich bei Sonnenschein mit dem hellen Stoff der Markisen füllt und die materielle Präsenz des Gebäudes binnen weniger Sekunden völlig verändert. Während der Sonnenschutz andernorts fast verschämt als undurchsichtige Membran ein Schattendasein fristet, ist er hier zum gestaltbestimmenden, die Expressivität des Baus unterstreichenden Element geworden. Aufgrund der ondulierenden Führungsschienen bauschen sich die Stoffbahnen und bilden eine wellige Oberfläche. Die Basler Architekten variieren damit den Gedanken räumlich eingesetzter Sonnenstores, die auch das jüngst errichtete Pharma-Forschungsgebäude für die Firma La Roche in Basel nachts zur leuchtenden japanischen Lampe werden lassen. Und schließlich finden sich die ondulierenden Führungsschienen – für Holzjalousien – in vergleichbarer Form auch am Hofgebäude der Rue des Suisses in Paris. *Hubertus Adam*

Dachgeschoss

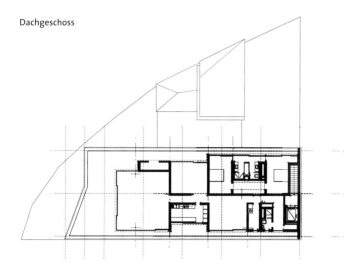

Regelgeschoss

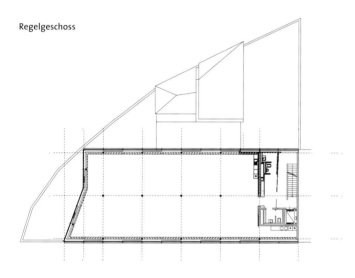

Erdgeschoss

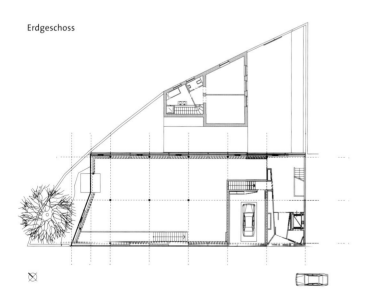

Ein kleines Annexgebäude, das sich der Stichstraße zuwendet, blieb als einziges Relikt des früher hier bestehenden Hotelensembles erhalten. Über das Untergeschoss ist das bescheidene Volumen mit dem Neubau verbunden.

Der Raum als Wille und Vorstellung
Die Universitätsbibliothek auf dem Oberen Eselsberg in Ulm

Bauherr:
Land Baden-Württemberg, vertreten durch Staatliches Vermögens- und Hochbauamt Ulm
Standort:
Albert-Einstein-Allee 37, 89081 Ulm
Architekten:
Steidle + Partner, München
Landschaftsarchitekten:
Latz und Partner, Kranzberg

Prof. Dr. Falk Jaeger, Jahrgang 1950, arbeitet als freier Kritiker für verschiedene Medien und ist leidgeprüfter Bibliotheksbenutzer.

»Wissenschaftsstadt«, den ehrgeizigen Titel schrieb noch der umtriebige Landesmanager Lothar Späth der verschlafenen Donaustadt Ulm aufs Panier. Nun, während der Regentschaft des weniger von Visionen beseelten Ministerpräsidenten Erwin Teufel, hat man in der schwäbisch-bayerischen Grenzstadt Mühe, dem hohen Anspruch des vorangetragenen Banners Rechnung zu tragen.

Immerhin, ein beachtlicher Lehr- und Forschungscampus entstand in den 90er Jahren oben am Eselsberg, eine recht heterogene architektonische Welt. Baukünstlerische Bonbons sind durchaus auch darunter, etwa ein Institut von LOG ID, das Universitätsbauamt von Wilhelm von Wolff oder das Industrieforschungszentrum der Daimler-Benz AG von Richard Meier.

Star des Ensembles ist jedoch der jüngste Baukomplex, die »Universität II«. Den Wettbewerb für die Fachbereiche Elektrotechnik, Informatik und Energietechnik mit 900 Studienplätzen hatte 1988 das Büro Steidle und Partner aus München für sich entschieden. Steidle entwarf einen fast 400 Meter langen und drei Geschosse hohen, auf hölzernen Beinen stakenden Gang, von dem aus die Institutstrakte in einer Kammstruktur nach Norden abzweigen und erschlossen sind.

Vom »Lebensort Universität«, von »Quartieren an Straßen und Höfen« sprachen die Architekten damals und verglichen die Institute mit Wohnbereichen, mit Reihenhäusern. Man mag an »fröhliche Wissenschaften« denken beim Anblick des Ensembles im Gartenlaubenlook, bedeckt von einem auskragenden Holzdach, verkleidet mit in allen Farben des Spektrums gestrichenen Sperrholzplatten.

Zum Planungsauftrag gehörte damals ein Gebäude für die Universitätsbibliothek, das erst jetzt realisiert werden konnte. In logischer Fortsetzung der Grundstruktur bildet das neue Gebäude den östlichen Kopf der Anlage und ist wie die anderen Trakte an den langen Gang angedockt. Die potenziellen Erweiterungen der Bibliothek nach Norden und Osten werden das Prinzip allerdings aufgeben. Und der erste Augenschein erweist, dass sich auch der Charakter des neuen Gebäudes durch die Horizontalgliederung der Fassaden und durch die Farbwahl von der fröhlich-bunten Palette des Farbgestalters Erich Wiesners abhebt. Man hat sich bei den Fassaden auf Rostrot und Weiß beschränkt.

Was dem Ensemble bisher fehlte, ein signifikanter, vielleicht auch repräsentativer Eingang für das Erschließungsrückgrat der Gesamtanlage, sollte nun mit dem Biblio-

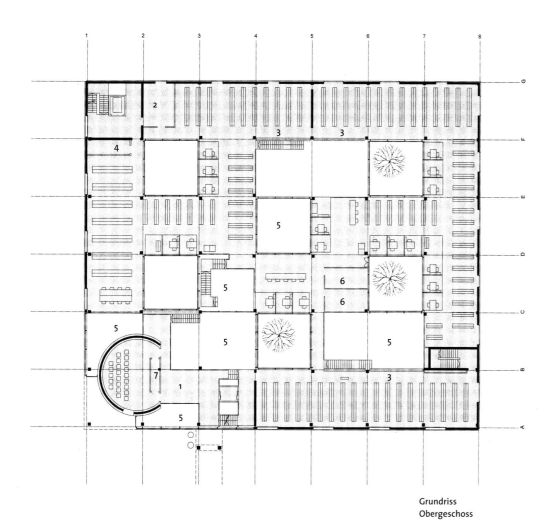

Grundriss Obergeschoss

1 Foyer
2 Kopierraum
3 Buchauslage
4 Fernmelde + EDV
5 Luftraum
6 Fachreferat
7 Lager
8 Kopierstelle Verwaltung
9 Kopierstelle Benutzer
10 Mitarbeiter Fernleihe
11 Ortsleihe
12 Ausstellungsraum
13 Windfang
14 Chipkartenstation
15 Selbstverbuchungsstation
16 SVS
17 Auskunft
18 OPAC-Plätze
19 Schulungsraum
20 Fachreferat Medien
21 Online Information

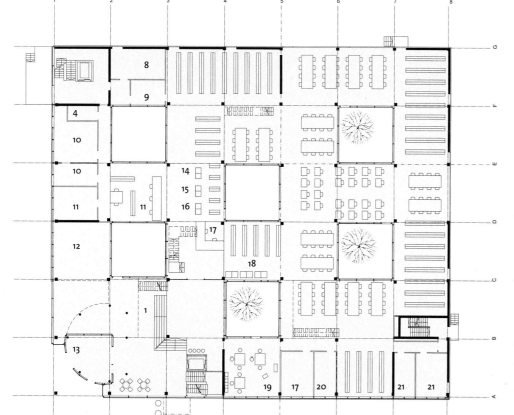

Grundriss Erdgeschoss

theksbau nachgeliefert werden. So recht ist dies allerdings nicht gelungen. Der Eingang zur Bibliothek wird nur als Hauseingang gelesen. Der Weg in die Halle, mit mehrmaligen Wendungen treppauf und über die Glasbrücke hinüber zum Erschließungsgang, muss gesucht werden und geht sich nicht von selbst.

Der Bibliothekseingang an der eingezogenen, gerundeten Südwestecke wird vom quittegelben Rund des darüber liegenden Medienraums akzentuiert. Das Bild der Druckerpresse schwebte den Architekten vor, vielleicht besser noch im Inneren der Halle nachvollziehbar: Schwer lastet der gelbe Zylinder auf kräftigen Betonstützen. Der runde, fensterlose Medienraum für Demonstrationen und Videokonferenzen ist das einzige formale Sonderelement im Hause.

Ansonsten sind die Architekten natürlich den gebauten Metaphern abhold. Nüchternheit bestimmt den Charakter der Halle, die Konstruktion der Stahltreppe ist ungekünstelt, fast ruppig zu nennen. Da fällt schon eine Geste wie der Wechsel des Fußbodenmaterials vom schwarzen Nero Assoluto der Halle zum beigen Solnhofener Schiefer des Podestes mit dem subtilen Übergang bei den Stufen als gestalterische Feinheit auf.

Kräftig orange leuchtet der Medienraum über dem Eingang, der diagonal in die Treppenhalle führt (rechts). Die offene Treppenanlage erschließt die Publikumsräume der Bibliothek und führt gleichzeitig zur gläsernen Brücke hinüber zu den Institutsgebäuden (links). Viel Licht flutet über die sechs Innenhöfe in die Bibliotheksräume (unten).

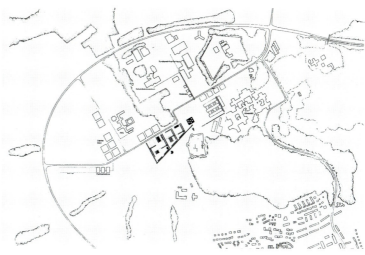

Lageplan

Die Bibliothek liegt am östlichen Ende des Rückgrats der Gesamtanlage »Universität II« (Lageplan). Die Flächen sind matrixartig organisiert. Zweigeschossige räumliche Ausweitungen wirken befreiend und verbessern die Orientierung (unten).

Der Landschaftsarchitekt Peter Latz hat die sechs Innenhöfe in sehr unterschiedlicher Weise gestaltet und gibt damit auch Hilfen zur Orientierung im komplexen Raumgefüge der Bibliothek (links).

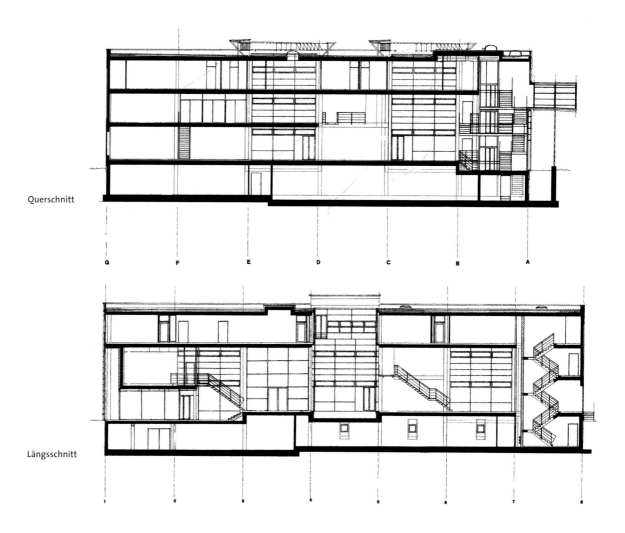

Querschnitt

Längsschnitt

Vornehm geht es nicht zu, doch immerhin hat der Bauherr keine (vermeintlich) billigen Massenmöbel angeschafft, sondern den Architekten den Entwurf der Tische und Regalsysteme aufgetragen – ein Umstand, der bei kameralamtsmäßig abgerechneten öffentlichen Bauten selten ermöglicht werden kann. Weiß gestrichener Beton, schlichter grauer Nadelfilzboden, rostrotes Linoleum in den Verwaltungsräumen des Obergeschosses, das eiserne Regiment des Rechenstifts ist überall zu spüren. Dennoch ist die Atmosphäre eine eher freundliche, entspannte, was wohl mit dem überall präsenten Tageslicht zu tun hat. Sechs Innenhöfe bringen die für einen Bücherspeicher eher ungewöhnliche Lichtfülle ins Haus.

Der Grundriss erinnert an strukturalistische Entwürfe der sechziger Jahre in Holland oder an die »Rostlaube« der FU Berlin und zeigt ein ungestörtes Quadratraster aus sechs mal sieben Feldern mit jeweils sieben Metern Seitenlänge. Das Raster ist nicht nur ein ökonomisches Konstruktionsprinzip, sondern als gewolltes räumliches Organisationsschema erlebbar. Die Raummodule wurden nach der reinen strukturalistischen Lehre unterschiedlich mit Nutzung gefüllt, mal offen, mal durch Wände geschlossen, mal zweigeschossige hallenartige Lufträume bildend, oder eben, im versetzten Wechsel, als gläserne Lichthöfe zur Belichtung des tiefen Gebäudeinneren eingesetzt. Es entsteht in Wahrnehmung und Vorstellung ein offenes anregungsreiches Raumkontinuum, das sich durch seinen leicht labyrinthischen Aufbau und die vielen Aus- und Durchblicke vielleicht erst bei mehrmaligem Besuch erschließt. Insbesondere die Verwaltungsebene im zweiten Obergeschoss erscheint zunächst als undurchschaubare Matrix, doch ist in diesem Bereich ja nicht mit Publikumsverkehr zu rechnen. Dafür entstehen auch hier reizvolle Räume. Die Flure sind durch die alternierenden Höfe und den mehrfachen Wechsel der Belichtung, der geschlossenen und offenen Wände alles andere als langweilig.

Zudem zeigen die Höfe unterschiedliche Farben und sind vom Landschaftsarchitekten Peter Latz nach verschiedenen Motiven gestaltet, mal mit Travertinplatten, mal mit Travertinschotter belegt, mit Amelanchien (Felsenbirnbäumen) besetzt, mit Farnen bewachsen oder, in einem Fall, als Wasserbecken zum Zwecke adiabatischer Kühlung genutzt.

Das Organisationsschema erlaubt eine nahtlose Erweiterung des Gebäudes in zwei Richtungen. Dort wo die Fassaden nicht als Leichtbaukonstruktion mit zementgebundenen, beschichteten Spanplatten ausgeführt, sondern gemauert und verputzt sind, kann angebaut werden (Abb. S. 48).

Das Innere der Ulmer Universitätsbibliothek hat also mehr Architekturerlebnis zu bieten, als der von außen für Otto Steidles Verhältnisse etwas einsilbig geratene Baublock erwarten lässt. Vielleicht nimmt sich ja Farbdompteur Wiesner das Objekt ein zweites Mal vor und fügt es durch Farben noch besser in die bestehende Anlage der Universität II ein.

Falk Jaeger

Bauherr:
Sparkassen-Versicherung
Stuttgart
Standort:
Kronenstraße 30,
70173 Stuttgart
Architekten:
Auer + Weber + Partner,
Stuttgart
Projektleitung:
Jörg Müller
Landschaftsarchitekten:
Gesswein, Henkel
und Partner,
Ostfildern

Eine Stilfrage
Das sanierte Kronen-Carré in Stuttgart

Prof. Dr. Falk Jaeger, Jahrgang 1950, ist Architekturkritiker und hat keine 200 Meter vom Kronen-Carré entfernt sein Diplomzeugnis abgeholt.

Eigentlich ist die Stuttgarter Innenstadt ein Auslaufmodell, reif für die Abrissbirne. Nach dem Krieg rasch wieder aufgebaut, steht seit einigen Jahren der Ersatz verschlissener Bauten der fünfziger Jahre an. Vielfach wurde die ungeliebte Nachkriegsmoderne kurzerhand abgeräumt und, so weit es ging, auf zusammengelegten Parzellen großmaßstäblich neu gebaut. Doch die städtebaulichen Strukturen sind robust, der Stadtgrundriss, das »Gedächtnis der Stadt«, lässt sich nicht so einfach tilgen.

Dimensionen, die für Großinvestoren interessant sein könnten, lassen sich im Stuttgarter Talkessel nicht mehr realisieren. So verlegen sie sich auf das Sanieren ganzer Häuserblocks, um sie »an den Markt zu bringen«. So lange jedenfalls, bis das Jahrhundertprojekt »Stuttgart 21« in Gang kommt, das Stadtneubau in wirklich großem Stil ermöglichen wird. Es ist eine müßige Frage, ob angesichts dieser Perspektiven Stadterneuerung in der Innenstadt noch Interesse findet, da alle Baulöwen erwartungsfroh nach Norden blicken, wo jenseits des Hauptbahnhofs 100 Hektar Gleisgelände tranchiert werden – die Hälfte davon Nettobauland. Investitionen in der 100-Millionen-Klasse wie das Kronen-Carré dürften wohl zukünftig dort angesiedelt werden.

Derlei Perspektiven lagen 1997, als der Architektenwettbewerb für die Sanierung des Kronen-Carrés ausgelobt wurde, noch am fernen Horizont. Das »Carré« (eigentlich eine etwas verdrückte Raute, aber das klänge wohl weniger attraktiv), ist typisch für die Stuttgarter Innenstadt: Bestanden mit Bürohäusern der 50er bis 70er Jahre, war es trotz des guten Standorts nicht mehr einträglich zu vermieten.

Auskernen, Teilabriss, Aufstockungen, Ergänzungsneubauten waren den Planern zur Aufgabe gestellt worden. Den engeren Wettbewerb gewannen die Architekten Fritz Auer, Carlo Weber und Partner, die just nebenan beim »Zeppelin-Carré« eine vergleichbare Aufgabe mit Bravour gelöst hatten. Hier wie dort ging es ihnen um eine möglichst stilsichere Verjüngung des Quartiers.

Zwei Altbauten im Winkel Kronen- und Friedrichstraße waren als erhaltenswert befunden worden, dazu das »Gelbe Haus« an der Kriegsbergstraße, ein nicht unbedeutendes Bürogebäude von Hans Volkart, das, wiewohl nicht unter Denkmalschutz, von den Architekten wie ein Denkmal behandelt wurde. Dass die Altbauten zum Großteil vor dem Abrissbagger bewahrt blieben, wenn auch bis auf die Struktur skelettiert, ist nur dem Rechenstift zu danken, der merk-

Die beiden Altbauten an der Kronen- und Friedrichstraße zeigen mit ihren Bandfassaden klassisch-moderne Motive (gegenüber).

Langgezogene Fenstererker sind als Stahlkonstruktion vor die Aluminiumfassade gesetzt (gegenüber unten).

Die Westecke des Quartiers dominiert ein Neubau, hinter dessen Glaswand ein dezentes Farbenspiel die Szenerie belebt. Links im Bild oben das »Gelbe Haus« von Hans Volkart.

Lageplan

Das Kronen-Carré liegt in unmittelbarer Nähe zum Stuttgarter Hauptbahnhof (1) und der Architekturabteilung der Universität (2). An die Lobby schließen sich den Hof umrundende Gänge zur Erschließung der vier Flügel der Anlage an (unten).

liche Einsparungen und einen erheblichen Zeitgewinn verbuchen konnte – unschlagbare Argumente für einen Bauherrn, der Immobilien nicht für den Eigenbedarf, sondern als reines Renditeobjekt produziert.

Das Charakteristische an Volkarts Bau sind die eng gesetzten Betonpfosten zwischen den schmalen Fenstern. Die Brüstungsfelder zeigen wieder das helle Gelb, das dem Bau seinen Namen gegeben hatte. Vor den Fenstern montierten die Architekten einen gläsernen Schall- und Wetterschutz, der die Bandfassadenwirkung verstärkt. Das Flugdach, elegantes Aperçu jener Zeit, wurde frei gelegt und ergänzt. Die originalen 50er Jahre sind besonders gut am Nordgiebel zu beobachten. Hier konnte die weiß gefliesste Treppenhausfassade dadurch erhalten und aufgearbeitet werden, dass die notwendige Wärmedämmung innen eingebracht wurde.

Langgezogene Fensterbänder, in Stahlrahmen vor die silbrige Aluminiumfassade gesetzt, signalisieren auch an den Trakten entlang der Kronen- und Friedrichstraße, dass es sich um Altbauten handelt. Fast könnte man die Reminiszenz auch missverstehen und sich an die klassische Moderne der 20er Jahre erinnert fühlen.

Schwerelose Transparenz und damit die Bauweise der Jahrtausendwende dominiert alle Neubauteile, die Anbauten und Aufstockungen. Ein feiner Rhythmus der Fenster hinter der Glasschürze wirkt fast im Verborgenen und vermeidet allzu makellose Glätte. Die kräftigen Farben der Schallschutzschwerter, alternierende Grün- und Blautöne, bringen eine freundliche Note ins Spiel – dies ist die augenfälligste Neuerung im Quartier. Auer + Weber + Partner verließen ihre Linie um einige Schritte, um der disziplinierten Moderne gerecht zu werden, und verzichteten auf so manch saloppes Detail ihrer Arbeit an anderen Orten.

Mit Formen spielen, diese Freiheit nahmen sich die Architekten in der ebenerdigen Ladenzone unter den auf Skelettbeinen stehenden Oberschossen. Ein Restaurant mit Terrasse im Innenhof, ein »Art-Café« (das mit der Akademie zusammenarbeiten wird), Möbel- und Designläden mit runden und geschwungenen Glasfassaden sind auf die Fußwegbeziehungen und Zugänge zugeschnitten.

Anders als das Zeppelin-Carré wird das Kronen-Carré en bloc organisiert und betrieben. Dazu gibt es einen Haupteingang – nicht unbedingt günstig positioniert und auch nicht dort, wo man ihn vermutet hätte, sondern an der prominenteren Adresse Kronenstraße gelegen. Ein Zerberus kontrolliert die Zugänge, die Treppenhäuser und die Tiefgarage. Anders als beim Zeppelin-Carré führen auch keine öffentlichen Wege durch das Blockinnere. Nur die Restaurantgäste beleben als Externe den ruhigen Gartenhof – wenn sie sich denn ruhig verhalten. Schon haben die Mieter Bedenken geäußert wegen der bis drei Uhr morgens ausgegebenen Schankkonzession. Denn in den Dachgeschossen hat die Stadt einige Wohnungen durchgesetzt, doch sechs bis zu 150 Quadratmeter große Appartements sind sicherlich zu wenig, um urbanes Leben ins Quartier zu bringen.

Regelgeschoss

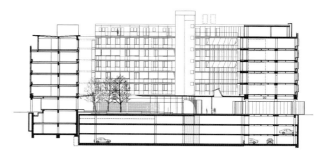

Schnitt

Erdgeschoss

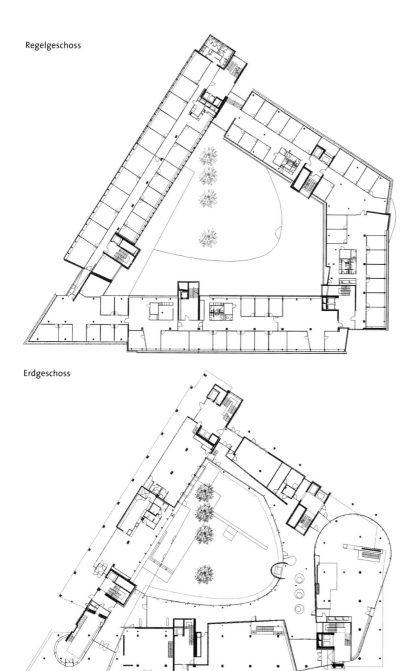

Das Kronen-Carré ist heute Stand der Dinge im Bürobau, mit lichter, heller, etwas technisch wirkender Eleganz in den Büros. Und mit einem vornehmfreundlichen Empfang im warm gestimmten Foyer, ornamentiert durch die Wirkungen bewusst gewählter Materialien – Travertin in unterschiedlicher Bearbeitung bei den Fußböden, Holzpaneele in unterschiedlichen Formaten und Oberflächen an den Wänden. So ist es den Architekten gelungen, ein Stadtviertel der 50er Jahre für die Stadt des neuen Jahrtausends zu ertüchtigen, und dies auf kongeniale Weise, indem sie die Qualitäten und Charakteristika der Nachkriegsmoderne mit angemessenen aktuellen Formen und Funktionen zu einer neuen Einheit fügten.

Falk Jaeger

Der Hof des Kronen-Carrés steht den Mitarbeitern und den Gästen des Art-Cafés zur Verfügung. Innenhof und Dach der Lobby sind begrünt. Voll verglaste Büros und die Penthouse-Wohnungen öffnen sich zum Hof (gegenüber).
Lift und Aufgang von der zentralen Tiefgarage führen in die Lobby, von wo aus alle Flügel des Carrés zugänglich sind (links oben).
Bei der Belichtung der Büros spielt das Tageslicht eine bedeutende Rolle (unten).

Atelier mit Fenster zum Hof
Werkstatt und Galerie eines Steinbildhauers in Eichstätt

Bauherr:
Günter Lang,
Eichstätt
Standort:
Am Salzstadel 1,
85072 Eichstätt
Architekten:
Diezinger & Kramer,
Eichstätt
Projektleiter:
Markus Knaller

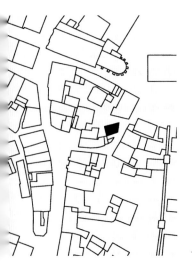

Lageplan

Rüdiger Klein (44) kennt das Geschäft mit der Kunst von der praktischen wie der theoretischen Seite. Wenn Künstler den Künsten neue Räume eröffnen können, schätzt er das besonders.

Als Laboratorium für die zweite Moderne gilt die kleine Bischofs- und Universitätsstadt Eichstätt im Altmühltal bereits seit Jahrzehnten. Denn seit 1957 hat Karljosef Schattner dort sein städtebauliches Experiment kühler und selbstbewusster Interventionen der Moderne im historischen Bestand souverän zum Erfolg geführt. Dennoch täuscht sich, wer glaubt, zeitgenössische Architektur habe es leicht, in der Barockstadt zu bestehen, wenn sie einem Qualitätsanspruch genügt, der deutlich über den Standards der Generalplaner liegt.

Vor ein paar Jahren stand im Eichstätter Altstadt-Quartier am Salzstadel das so genannte Troglauer-Haus zum Verkauf. Der Steinbildhauer Günter Lang, der seine Bildhauerwerkstatt seit einigen Jahrzehnten in einem vorbildlich sanierten Jurahaus in unmittelbarer Nachbarschaft zum Troglauer-Haus betreibt, erwarb das Gebäude, um es durch einen Neubau ersetzen zu lassen, der ihm zukünftig als Atelier mit kleiner Galerie dienen sollte. Unter massivem Protest der Denkmalpfleger wurde das ruinöse Handwerkerhaus abgebrochen. Daraufhin legte der Jurahaus-Verein, der seit über 15 Jahren vorbildlich, manchmal aber auch zu engstirnig den Erhalt typischer Jurahäuser fördert, dem Bildhauer den Austritt aus dem Verein nahe.

Die Eichstätter Architekten Diezinger & Kramer errichteten schließlich am Salzstadel das neue Traumhaus des Steinbildhauers Günter Lang. Baukünstlerisch, städtebaulich und funktional ist den Architekten ein großer Wurf gelungen mit dem lichtdurchfluteten Neubau, der in seinen äußerlich unscheinbar graubraun gestrichenen Mauern nur gerade einmal 75 Quadratmeter Nutzfläche bereithält. Das Geheimnis des Atelierhauses liegt dabei wie in einer Vitrine offen zu Tage. Licht, Luft und Raum, die edelsten Qualitäten, über die ein Baumeister verfügen kann, zumal in einem verwinkelten Altstadtquartier, sind für Nutzer und Besucher sichtbar geworden. Der Neubau bringt auf kurze Distanz genau das in den vormals so traurigen Winkel der Stadt, was ihr in Sachen Architektur längst zu europaweitem Ansehen verholfen hat: Alt und Neu gehen auf der Basis ganz eigenständiger Qualitäten zusammen, und nicht durch eine falsche Assimilation des Neuen ans Alte.

Das Trutzige der Jurahäuser bleibt beim Neubau draußen vor der Tür. In Grund- und Aufriss sowie in der Dachneigung unter dem Aluminiumblech nimmt er die Proportionen des alten Hauses auf. Die Architekten drehten lediglich die Firstrichtung und verzichteten zu Gunsten einer klaren Kubatur auf das zuvor nach Osten hin angeschleppte

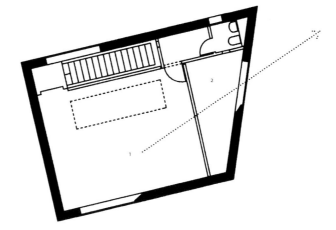

Obergeschoss

1 Atelier
2 Luftraum
3 Ausstellung
4 Wohnung

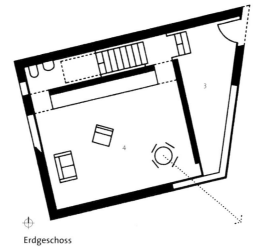

Erdgeschoss

Zwerchhaus. Der dunklen Außenhaut antworten im Inneren Helligkeit und Farbe. Die in allen Schau- und Arbeitsräumen nach außen gesetzten Fenster sowie der nach innen, in den Kubus geschobene Eingang an der Nordostecke signalisieren einen von der Öffentlichkeit einsehbaren Raum für die Kunst. Die wiederum entsteht längst nicht mehr nur im Verborgenen, sondern öfter schon im Blickkontakt und im Gedankenaustausch mit dem Draußen.

Alle Fensterflächen des Atelierhauses sind entweder mit tiefer Sohlbank oder mit stumpfwinkliger Laibung in die Außenhaut eingeschnitten. Die Architekten haben den in Eichstätt so beliebten »blickführenden Erker« von der Straße ins Haus geholt. Ebenso das Gassengewirr rund um den freistehenden Neubau. Der Weg wird durch den Eingang in den Ausstellungsschaukasten geführt und über eine steile Rampe aus Wachenzeller Dolomit mit darüber gelegtem transparenten Treppengerüst hinauf ins Atelier. Der kleine Ausstellungsraum im Eingangsbereich zeigt sich intim und luftig weit, weil er das Spiel von Innen und Außen auf die Spitze treibt. Über diesem Schauraum ragt eine Empore auf, die dem Bildhauer als Atelier dient und von der herab er das Innen wie das Außen beobachten kann. Der Atelier-Schmutzbereich ist unterm

Dach in einem rot gestrichenen Holzcontainer untergebracht, der wie ein Altan über dem Ausstellungsraum im Parterre schwebt und sogar noch ein Fenster zum »Hof« offen hält. Ins Atelier fällt durch ein großes Dachfenster neutrales Nordlicht ein, und man erblickt den Giebel des Nachbarhauses.

Der größere Ausstellungsraum im Erdgeschoss ist multifunktional nutzbar. Entweder wird er der Ausstellungsfläche zugeschlagen oder er kann als Wohnraum für einen Gastkünstler dienen. Ein Küchenmodul wurde dafür ebenso unauffällig installiert wie sich der Nassbereich elegant unter die Treppenrampe duckt. Die innenliegende Erschließung des Wohnraumes von der Straße her wird gar durch einen in die Wand gesteckten blauvioletten Türschacht als Außen im Innen signalisiert. In Langs privater Galerie wechseln Ausstellungen von Freunden und Kollegen mit seiner eigenen Kollektion an zeitgenössischer Kunst.

Rüdiger Klein

61

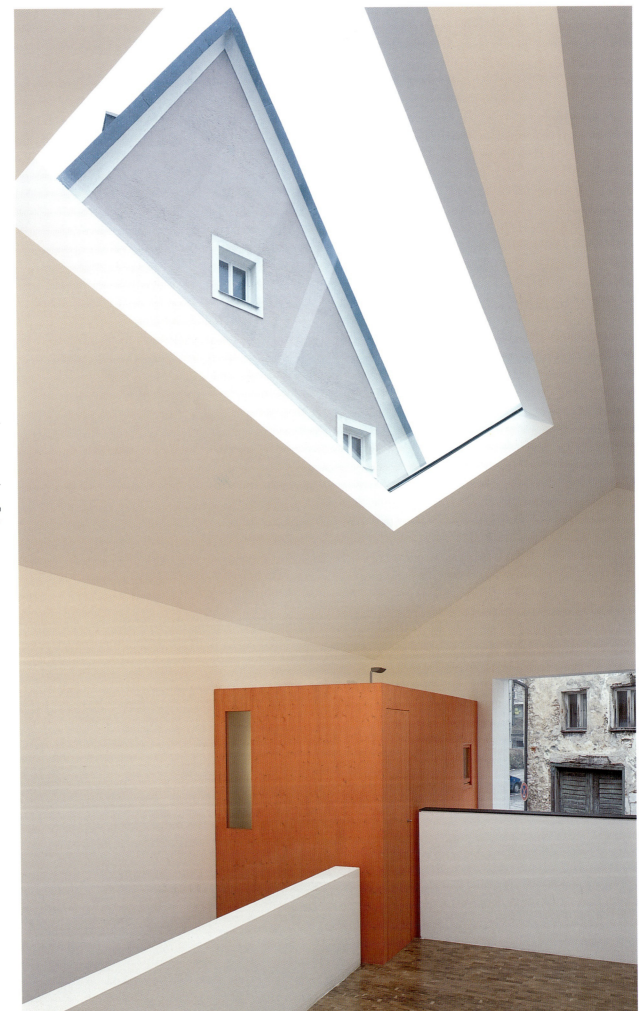

Die Ein- und Ausblicke im Haus am Salzstadel 1 sind kein Selbstzweck. Dem Bildhauer Günter Lang sind sie Inspirationsquelle und seiner Kunst eröffnen sie Wege ans Licht und an die Öffentlichkeit. Auch in historischer Zeit arbeiteten die Handwerker im Quartier am Salzstadel unter den Augen des Publikums.

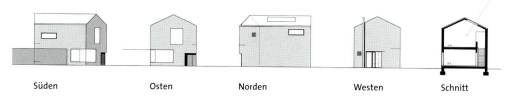

Süden　Osten　Norden　Westen　Schnitt

Das hinter Schranktüren verborgene Küchenmodul im großen Galerieraum, der auch als Aufenthaltsraum für einen Gastkünstler dienen kann, gab die Tiefe für die Türschleuse in diesen Raum vor (links oben). Der angeschlossene Nassbereich wurde unter die zum Atelier hinauf führende Treppe geschoben. Zwei Stufen führen hinab zum »Abtritt« (links unten). Der Schmutzbereich des Ateliers ist wie ein Hängeschrank an die Nordwand des Gebäudes montiert. Das Thema vom Haus als einer zweckmäßig eingeteilten Schachtel wurde von den Architekten unter dem Aspekt größter räumlicher Offenheit formuliert (rechts).

Die Stadtmauer, auf der das Fachwerkhaus sitzt, wurde um 1200 unter den Staufern gebaut. Einen Durchschlupf als Fluchtweg gab es an dieser Stelle schon immer, jetzt dient er als Hauszugang.

Bauherr:
Roswitha Kehrbaum,
Irsee
Standort:
Am Graben 1,
87600 Kaufbeuren
Architekten:
Kehrbaum Architekten,
Augsburg

Glasvitrine im Kornspeicher
Umbau eines Fachwerkhauses in Kaufbeuren

Sabine Schneider, 1960 geboren, arbeitet in der Redaktion des »Baumeister«. Sie ist in der alten Fachwerkstadt Schwäbisch Hall aufgewachsen und fürchtet falsch verstandenen Heimatschutz.

Wie ein Ausguck sitzt das alte Fachwerkhaus auf einem Rest der Kaufbeurer Stadtmauer. Doch was es seit einigen Jahrzehnten von dort aus zu sehen gibt, ist wenig erfreulich. Etwas erhöht, auf einem Damm, führt die vierspurige Ausfallstraße »Am Graben« vorbei. Lärm und Abgase betäuben die Sinne. Zwei kleinere Gewässer direkt vor dem Haus, ein hübsch angelegter Schwanenweiher und der Mühlbach, würde man an einem anderen Ort als Idyllen bezeichnen, hier aber nimmt sie kaum einer wahr. Im Gegenteil, es entsteht der Eindruck, als hätten Fußgänger hier nichts zu suchen.

Ausgerechnet an dieser Stelle liegt der einzige Zugang zu dem Fachwerkhaus, in dem Klaus Kehrbaum sein Architekturbüro eingerichtet hat. Ein langer, schwarzer, schmaler Steg überbrückt die Senke mit dem Weiher. Die elegante Passage wirkt von der Seite betrachtet fragil, als balanciere sie auf den beiden Stützen aus gefaltetem Stahlblech; tatsächlich schwingt sie etwas, wenn man sie betritt. Die in Laufrichtung quer gestellten Flachstähle des Geländers vervollkommnen die federleichte Brücke. Beim Überqueren allerdings verdichten sich die Stäbe zu einem geschlossenen Bild und vermitteln damit Vertrauen in ihre Stabilität.

Am Ende des Steges steht der Besucher nicht etwa vor einer geschlossenen Haustür, sondern vor einem offenen Durchschlupf in einem geschosshohen Stück Stadtmauer. Oben auf den Tuffsteinquadern sitzt die alte Fachwerkkonstruktion, mit zunehmender Höhe immer weiter auskragend. Erst hier, unmittelbar vor dem Haus, fällt auf, dass die Fensterhöhlen gar nicht verglast sind, sondern dass in den vier offenen Gefachen wegen der Tauben lediglich ein Schnurgeflecht hängt. Dahinter taucht eine zweite Fassadenebene auf, kaltes Neonlicht spiegelt sich auf ihrer Glasfläche. 400 Jahre lang hatte das Gebäude als Lagerhaus gedient, ursprünglich für gemahlenes Korn – es wurde um das Jahr 1600 als Bäckerzehntstadl der Stadt Kaufbeuren errichtet. Und so wirkt es noch heute: etwas ruppig wie ein Gewerbebau. Fach- und Mauerwerk hat der Architekt lediglich gereinigt, nichts ist dick mit Farbe überstrichen, beschönigt, herausgeputzt – der Stadel hat seine Gebrauchsspuren in Würde bewahrt. Das ist mehr, als man über die meisten Häuser im historischen Stadtkern sagen kann.

Vom Durchgang in der Mauer führen ein paar Stufen hinauf zu einer Glastür – ab hier deuten ein schwarzer Kokosteppich, eine Decke aus Hartfaserplatten (HDF) und zwei Wandflächen aus blankem Aluminium

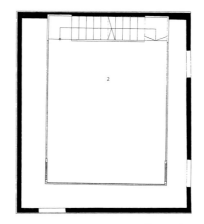

2. Obergeschoss

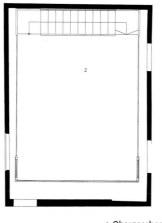

1. Obergeschoss

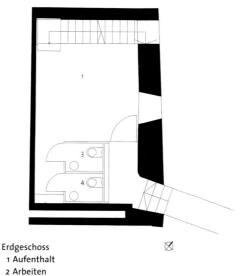

Erdgeschoss
1 Aufenthalt
2 Arbeiten
3 WC-Herren
4 WC-Damen

darauf hin, dass man in der Neuzeit angekommen ist. Allerdings lässt das schiefe alte Stadtgemäuer nur einen winzigen Raum im Erdgeschoss übrig. Erst die beiden nächsten Ebenen lüften das Geheimnis der Fassadenschichten und offenbaren das Konzept des Umbaus: mit etwas Distanz zum alten Holzhaus ist in die beiden Obergeschosse je ein Glasraum eingefügt. Der Bodenbelag wie auch die Decke bestehen aus HDF-Platten. Entscheidend war für den Architekten dabei, möglichst wenig vom Bestand zu zerstören, sodass alle Einbauten auch wieder leicht zu entfernen sind. Drei Treppenläufe aus gefaltetem Aluminiumblech weisen grobe Maschinenschweißnähte auf, doch selbst sie sind nicht am alten Gemäuer, sondern am neuen Einbau verankert. Der Abstand der Stufen von wenigen Zentimetern wird mit Hilfe von Leuchtstoffröhren betont, deren Streiflicht die Unebenheiten im Mauerwerk hervorhebt. Nicht nur hier, im ganzen Haus wird der Respekt im Umgang mit dem Bestand deutlich spürbar.

Kehrbaum Architekten betreiben ihr Zweitbüro in diesem Gebäude. Mit wenig Aufwand lässt es sich bei Bedarf auch in eine Wohnung für ein oder zwei Personen verwandeln. Im Moment aber sind die beiden jeweils 25 Quadratmeter umfassenden Räume mit Arbeitstischen, Rechnern und niedrigen Regalen möbliert. Den Besucher überrascht das moderne Raumgefühl in den beiden Obergeschossen. Da die Fensteröffnungen im Holzfachwerk tagsüber nicht für genügend Helligkeit im Inneren sorgen, ließen die Planer im schmalen Gang zwischen der Fachwerkhülle und den rahmenlosen Isolierglaswänden noch einmal Leuchtstoffröhren montieren – tageslichtgesteuert. Die alten Wände reflektieren das kühle Licht und wirken dadurch eigenartig distanziert, fast virtuell wie eine Projektion. Im Glashaus selbst bilden die Arbeitsleuchten Inseln aus warmem, wohnlichem Licht. »Draußen« beginnt gleich hinter den Scheiben, so wie das in der Fassade auskragende Stück Bodenfläche seit jeher offen geblieben war, um das gelagerte Mehl zu belüften. Heute liegt an dieser Stelle ein Gitterrost auf den Balken, durch den zu beobachten ist, wer unten zum Haus hereinkommt.

Beim ersten Blick in diese Räume mag man den Verlust des fühlbaren Kontakts mit dem alten Haus bedauern, das nun wie ein kostbares Bild hinter Glas liegt. Doch ist das Leben und Arbeiten auf längere Zeit in modernen Materialien sicher komfortabler und unkomplizierter. Zudem wird das alte Kornhaus, in dem sich nie jemand länger aufgehalten hat, gleichzeitig auch geschützt. Im Winter lassen sich die Glasvitrinen

Einige Einbauteile wie die Treppen sind aus Aluminium, vor allem aus Gründen des Gewichts, denn so wurden keine zusätzlichen Fundamente benötigt. Zwischen Fachwerk und moderner Glasvitrine ergibt sich ein schmaler Raum (oben). Die alten Fensteröffnungen blieben offen, wurden aber wegen der Tauben mit Schnurgeflecht versehen. Viele Details haben die Architekten nie gezeichnet, sondern mit den Handwerkern, die sich schon bei anderen Projekten bewährt hatten, auf der Baustelle abgesprochen.

Fast wie in einem Baumhaus: Vor allem im Sommer genießt man den Blick hinaus ins Grün sowie den Schatten, den das Laub spendet.

Schnitt

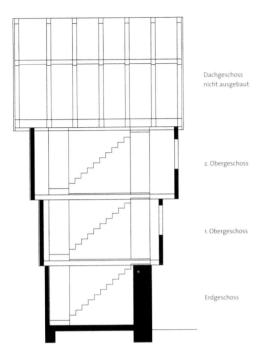

Dachgeschoss nicht ausgebaut

2. Obergeschoss

1. Obergeschoss

Erdgeschoss

energiesparend heizen, und stehen im Sommer die gegenüberliegenden Glasschiebetüren einen Spalt offen, sorgt die Querlüftung für ein angenehmes Klima. Straßenlärm und starkes Sonnenlicht werden außerdem durch das dichte Blätterwerk der hundert Jahre alten Eschen und Buchen am Weiher gefiltert.

Bezeichnenderweise wurde der Architekt auf den Bau aufmerksam, als er am Graben im Stau stand. Auf die Frage, warum die Stadt das Haus verfallen lasse – schließlich gibt es nur noch drei Fachwerkhäuser mit vergleichbarer Holzkonstruktion in Kaufbeuren –, bekam er im Liegenschaftsamt zur Antwort, dass es keiner wolle. So griff er zu, die Aufgabe reizte ihn. Die Denkmalschutzbehörde war dann von der Lösung eines Glashauses im Holzhaus sehr angetan und zeigte sich kooperativ. Weit schwieriger gestalteten sich die Verhandlungen mit der Landesbaukommission um das Einhalten der Bauordnung. An einigen Punkten halfen nur noch die so genannten Ersatzmaßnahmen: Zum Beispiel musste ein Fluchtweg aus den oberen Geschossen auf einer Hausseite vorgesehen werden. Da nun aber die Fensteröffnungen diagonal mit Draht ordentlich »vernäht« sind, hat laut Anordnung an den Glasschiebetüren jeweils eine Schere zu hängen (Kostenpunkt zwei Mark), mit der im Brandfall das Schnurgeflecht aufgeschnitten werden kann, um auf Nachbars Terrasse zu springen.

Klaus Kehrbaum sieht die Sache entspannt – er versteht das Projekt ohnehin als Experiment. Tatsächlich aber erscheint seine Lösung im Hinblick auf die vielen dick und entstellend mit Wärmedämmkissen gepolsterten Fachwerkhäuser in unseren Altstädten als bemerkenswerte Alternative.

Sabine Schneider

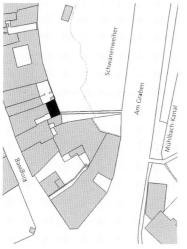

Lageplan

Eine schmale, elegante Stahlbrücke führt über eine Senke mit einem Weiher zum Hauseingang. Der Aufbau der Stegbodenplatte aus Trägern und Stahlplatten ist lediglich sieben Zentimeter dünn.

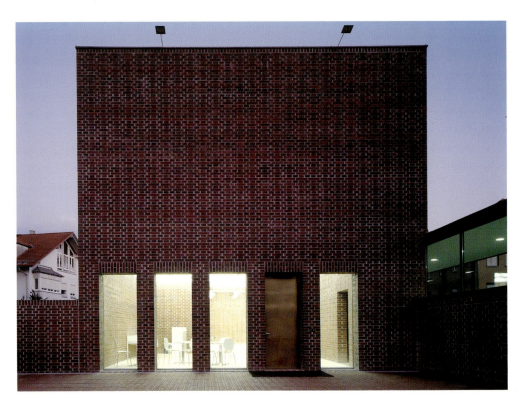

Bauherr:
Kunst- und Kulturstiftung
Dr. Geiger-Haus,
Marktoberdorf
Standort:
Kemptener Straße 5,
87616 Marktoberdorf
Architekten:
Bearth & Deplazes,
Chur (Schweiz)

Einzig für das Kunstwerk geschaffen
Städtische Galerie in Marktoberdorf

Sabine Schneider, 1960 geboren, arbeitet in der Redaktion des »Baumeister« und freut sich über Architektur in der Provinz.

Die Mauer sei »von weißer Farbe«. Seit der Künstler Rémy Zaugg 1986 in schweizerisch-strenger Art seine Gedanken zum idealen Ausstellungsort vorgetragen und veröffentlicht hat*, mag kaum einer mehr an seinem Postulat einer rein weißen Galerie zweifeln. Überzeugend argumentiert er, dass sich nur ein matter weißer Hintergrund zur uneingeschränkten Betrachtung von Kunstwerken eignet. Nun hat aber seit kurzem in Marktoberdorf eine Kunstgalerie geöffnet, deren Mauern alles andere als weiß sind. Das Gebäude besteht rundum, innen und außen aus rotem Backstein. Es stellt sich als drei aneinandergerückte, verschieden hohe »Ziegelgefäße« mit quadratischen Grundrissen dar, wobei zwei als dreigeschossige Ausstellungsräume einen flachen Deckel erhielten und das dritte, größere und nur mannshohe »Gefäß« den offenen Eingangs- und Skulpturenhof bildet. Eine goldschimmernde Tür mit einer Oberfläche aus patiniertem Messing deutet unmissverständlich auf den Haupteingang hin.

Was in der roten Galerie ausgestellt werden soll und kann, muss sich erst noch erweisen. Zunächst war sie schlicht als Erweiterung der benachbarten Villa, dem Dr.-Geiger-Haus, gedacht, um die private Sammlung schwäbischer Kunst aus dem 20. Jahrhundert angemessen zu präsentieren. Doch während das neue Haus entstand, wurde den Mäzenen klar, dass die Architektur und das darauf zugeschnittene Ausstellungskonzept für wesentlich größere Aufmerksamkeit über die regionalen Grenzen hinaus sorgen könnte. Allen voran Franz Schmid, Vorsitzender der Stiftung Dr. Geiger und ehemaliger Bürgermeister, setzte sich hierfür ein. Er war es auch, der bei einem Urlaub in Klosters Projekte der Churer Architekten gesehen hatte und sie dann direkt beauftragte.

Vor der Planung stand fest, dass für wechselnde Ausstellungen in der Galerie möglichst flexible, unaufgeregte Räume benötigt werden. Die Architekten verwenden daher durchgehend einfache Materialien – Klinker, Stahl, Holzbohlen, ähnlich wie in einem Industriebau –, die jedoch sehr sorgfältig verarbeitet wurden. Die Klinker sind mit breiter Fuge vermauert, sodass sie aus der Distanz einer grob gewebten textilen Oberfläche gleichen. Der Eindruck von drei »Gefäßen« entsteht vor allem dadurch, dass der Boden, draußen im Hof wie auch drinnen im Untergeschoss, ebenfalls mit Klinkern belegt ist. Auf den Zwischendecken aus Stahlträgern liegen acht Zentimeter dicke Fichtenbohlen, während an die Unterseite der sichtbaren I-Profile simple Leuchtstoffröhren angeschraubt wurden – für

Obergeschoss

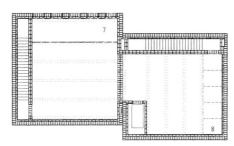

Erdgeschoss

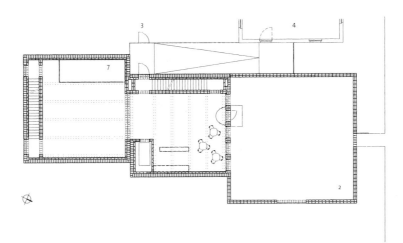

Untergeschoss

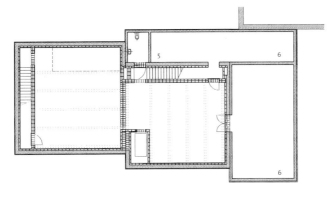

1 Haupteingang
2 Vorhof
3 Zum Skulpturengarten
4 Dr. Geiger-Haus
5 Technik
6 Depot
7 Luftraum
8 Oberlicht

ein raffiniertes Beleuchtungssystem fehlte das Geld. Ohne provisorisch zu wirken, unterstützen diese Materialien den Charakter eines Werkstattgebäudes, in dem viele Kunstwerke allein schon deshalb gut zu präsentieren sein werden, da sie in ähnlicher Umgebung, sei es im Hinterhofatelier oder in der umgenutzten Fabrikhalle, entstanden sind. Zu den Forderungen Rémy Zauggs zählt schließlich auch »Geborgenheit und Ruhe« für die Auseinandersetzung mit dem Werk – in Marktoberdorf findet man beides, woran die Ziegel wesentlichen Anteil haben.

Der Anschein soliden Handwerks trügt nicht. Hier gibt es keine Vormauerungen, windige Schalen oder Verblendungen – alle Mauern sind massiv. Tschechische Arbeiter haben sie geduldig 50 Zentimeter dick mit einem rotbraunen hochgebrannten »Bayerischen Format« (32 x 14,5 x 6,5 Zentimeter) im Kreuzverband gemauert. Der mittelgraue Mörtel erhielt durch viel Sandzuschlag eine besonders grobe Körnung, sodass er der »Lavastruktur« der Ziegel ähnelt. Das Gefühl von Geborgenheit ist nicht allein auf den warmen Farbton der Wände zurückzuführen: Im Sockelbereich fühlen sie sich handwarm an, denn als Heizung dient eine Kupferrohrschleife (mit acht Millimetern Durchmesser), die 20 Zentimeter über dem Bodenbelag und

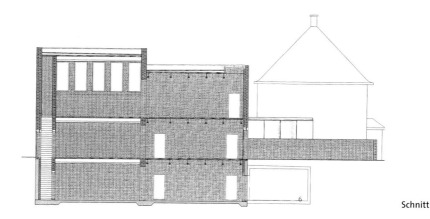

Schnitt

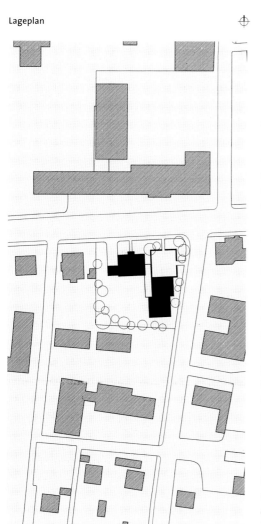

Lageplan

mit zwei Zentimetern Abstand zum Innenraum eingemauert wurde. Dieses System, das etwa seit zehn Jahren vor allem bei der Sanierung denkmalgeschützter Bauten sehr geschätzt und erfolgreich getestet wird, ist träge – haben sich die Wände einmal erwärmt und ist die gewünschte Raumtemperatur erreicht, genügt wenig Energie, um sie auf diesem Niveau zu halten. Zudem kommt es kaum zu Konvektion, es staubt so auch weniger.

Noch werden sich die Martkoberdorfer ein wenig an ihr Kunsthaus gewöhnen müssen. Auch daran, dass das große Tor aus rostigem Corten-Stahl in der Umfassungsmauer des Innenhofs nicht mehr gestrichen werden soll. Der Ziegelbau wirkt noch ein wenig wie ein Fremdkörper in der Straße, allerdings konnten die Bauten ringsum außer der Traufhöhe für seine Gestalt wenig maßgebend sein, es gibt nichts abgesehen von einer Reihe Villen in der Umgebung, was die Architekten als Leitmotiv, Ortstypisches oder Anregung hätten aufnehmen können. Gegenüber liegt außerdem das für den Ort überraschend große, architektonisch wenig bedeutende Rathaus aus den frühen achtziger Jahren. Marktoberdorf insgesamt erscheint mit seinen Industrieansiedlungen wie ein aus den Fugen geratenes Dorf, man sieht ihm an, dass es in nur wenigen Jahrzehnten zu einer Kreisstadt mit knapp 20.000 Einwohnern gewachsen ist.

Mit der Galerie ist ein Ruhepunkt an einer der Straßenecken entstanden. Bald wird der Garten üppig grünen und den Neubau an die alte Villa optisch besser anbinden. Die Tauglichkeit der roten Galerie für die Präsentation auch kleinerer, unscheinbarer Kunstwerke wird noch immer diskutiert. Noch vor der Eröffnung haben namhafte Kuratoren, Architekten und Theoretiker öffentlich debattiert. Sie kamen zu dem Schluss, dass die schönen Räume eine Chance darstellen. Bei der Konzeption der nächsten Ausstellung kann man sich wiederum ein Postulat Zauggs zu Hilfe nehmen: Das einzelne Werk solle »dem sich vor ihm befindlichen wahrnehmenden Subjekt« suggerieren, »der Ort sei einzig für dieses Werk geschaffen«.

Sabine Schneider

* Zitate aus:
»Das Kunstmuseum,
das ich mir erträume«,
Rémy Zaugg,
Nürnberg 1998

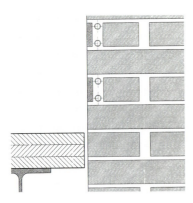

Als Heizung dienen in den Sockelbereich eingemauerte Kupferrohrschleifen – ein träges, energiesparendes System (links). Im Untergeschoss ist auch der Boden mit Ziegeln belegt; hier fühlt man sich an das Innere eines mittelalterlichen Turms erinnert (unten).

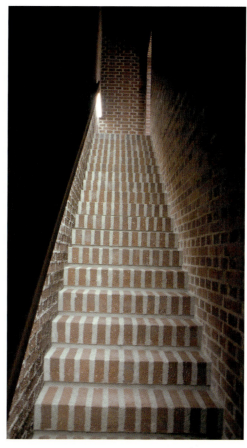

Viele Künstler stellen sich Ausstellungsräume vor wie etwa Georg Baselitz: »... keine Sockel, keine Paneele, keine reflektierenden Fußböden, und schließlich auch keine Farben.« Doch gibt es den neutralen Raum überhaupt? Links eine der einläufigen Treppen, die die Räume erschließen. Auch hier rundum Ziegel.

Einfache, aber wirkungsvolle Mittel wie der Wechsel von Seiten- zu Oberlicht, der Raumhöhen und der Bodenbeläge gestalten die Raumfolge abwechslungsreich.

75

Bauherr:
Barbara Hipp,
Hechendorf
Standort:
Seestraße 7,
82229 Hechendorf
Architekten:
Der Hausladen Architekten,
München

Frech zur Seite gedreht
Wohnhaus am Pilsensee

Amelie Kausch, geboren 1969, arbeitet beim »Baumeister«, kommt aus Hamburg und liebt Zimmer mit Aussicht auf die Elbe oder auf bayerische Seen.

Eine silbergrau verwitterte Holzkiste steht leicht geduckt am Rand des Moors, und aus der Ferne könnte man meinen, sie wolle sich hinter den Schilfhalmen verstecken. Man muss genau hinsehen: Dieses Einfamilienhaus in Hechendorf fügt sich leise, harmonisch in die Landschaft am Pilsensee, ohne voralpenländische Gemütlichkeit zu zitieren.

Rückblende. Ein Bauträger stand vor der Aufgabe, ein neues Zuhause für die eigene Tochter und den Enkel zu errichten, denn er wollte das Grundstück, auf dem die beiden bisher in einem kleinen Haus lebten, renditebringend bebauen. Natürlich hätte er den Neubau alleine planen können, doch die Tochter wollte in keinen der »Bausparerträume« mit rotem Ziegeldach einziehen, sondern in ein Haus, das von Architekten entworfen war. So kam ein junges Büro aus München zu einem seiner ersten Aufträge. Der Bauherr erwarb ein sanft abfallendes Grundstück mit unverbaubarem Blick auf die Moorlandschaft nördlich des Sees. Darauf sollte ein Einfamilienhaus mit kleiner Einliegerwohnung entstehen, in dem das benachbarte Naturschutzgebiet für die Bewohner zum täglichen Thema würde.

Die Baulinie und die vorgeschriebene Firstrichtung schienen den Entwurfsspielraum zunächst stark einzuschränken, doch man wurde sich schnell einig: Während rechts und links ehrgeizige Häuser breit und behäbig eine Grenze ziehen zwischen Dorf und Moor, sollte dieses Haus kein distanzierter Beobachter, kein überdimensionierter Ausguck sein. Es sollte sich Schilf und See zuwenden und auch den Blick von der Straße in die Landschaft nicht unnötig versperren. Nachdem die Genehmigungsbehörde einsichtig war, drehten die Architekten den schmalen Hauskörper frech um 90 Grad. Jetzt schiebt er sich – über die Baulinie – den Hang hinunter.

Auf der Straßenseite nur zweigeschossig, öffnet sich der kantige Bau mit seinem Pultdach zum Moor. Die massiven Wände sind ringsum von einer Schalung aus rauem, naturbelassenem Lärchenholz umschlossen, aus der mal liegende, mal stehende Fensterformate scheinbar ohne Ordnung herausgeschnitten sind. Die südwestliche Fassade weicht zurück, um optimal zur Sonne zu stehen, und ein Versprung in der Außenwand verrät, dass die zunächst als Einlieger geplante zweite Einheit schließlich noch etwas in die Breite ging.

Das leichte Gefälle des Grundstücks nutzten die Architekten, um die zwei Wohneinheiten räumlich voneinander zu trennen. Von der Gartenpforte im Norden führt ein schmaler Steinweg zwischen Wohnhaus

Dachgeschoss

1. Obergeschoss

Erdgeschoss

1 Eingang
2 Wohnen
3 Küche
4 Essen
5 Schlafzimmer
6 Kinderzimmer
7 Bad
8 Arbeiten
9 Luftraum
10 Dachterrasse

und der nachträglich angebauten Doppelgarage hinunter zu den leicht höhenversetzten, karminrot gestrichenen Eingangstüren. Die kleinere Wohnung orientiert sich zweigeschossig zu Straße und Nachbarn, die größere über drei Ebenen Richtung Schilfgürtel und See. Zweifellos die Schokoladenseite. Immerhin: Den Garten, der ohne Zaun fließend in die Landschaft und in Nachbars Rasen übergeht, nutzen beide Parteien gemeinsam.

Während die Mietwohnung mit abgeschlossenen Zimmern eher konventionell organisiert ist, spielen die Architekten in der größeren Eigentumswohnung mit offenem Grundriss, vertikalen Raumverbindungen, Aus- und Durchblicken. Mittelpunkt des Hauses ist der Essplatz mit Küchenzeile auf der einen und Wohnzimmer mit Kamin auf der anderen Seite. Ein fast quadratischer Deckenausschnitt mit strahlend weiß verputzter Brüstung verbindet die Wohnebene mit dem Obergeschoss. Zwei Stufen zwischen Ess- und Wohnbereich teilen den großen Raum zwar optisch in zwei weniger großzügige Einheiten, doch sie folgen dem Gefälle des Gartens und leiten die Bewohner bis zu einer Fensterfläche, die den Innenraum mit der Landschaft verbindet. Dass hier eine schienbeinhohe Schwelle das Zwiegespräch mit der Natur stört, mag daran liegen, dass für dieses Haus kein einziges Detail gezeichnet wurde. Nach dem Bauantrag übernahm die Firma des Bauherrn die Regie und baute, »wie es sich seit dreißig Jahren bewährt hat«.

Über eine offene Holztreppe erreicht man im Obergeschoss eine Galerie mit kleinem Arbeitsplatz, und von dort aus Kinderzimmer und -bad. Während sich Wohn- und Schlafzimmer mit Fenstertüren nach draußen öffnen, rahmen in Fluren, Küche und Bädern schmale Fensterschlitze die Sehenswürdigkeiten der Umgebung: die Wittelsbacher-Kirche, die Berge und den Ententeich der Nachbarn. Der zweite Stock ist den Eltern vorbehalten, abgeschieden liegt hier das Schlafzimmer mit Bad, begehbarem Kleiderschrank und großer vorgelagerter Dachterrasse. Von hier aus kann man am Horizont die Alpenkette und – auf Zehenspitzen, wenn die Bäume ohne Laub sind – auch endlich den Pilsensee sehen. *Amelie Kausch*

Der Essplatz bildet den räumlichen und sozialen Mittelpunkt des Hauses. Der fast quadratische Deckenausschnitt mit weiß verputzter Brüstung verbindet die Wohnebene mit den oberen Geschossen.

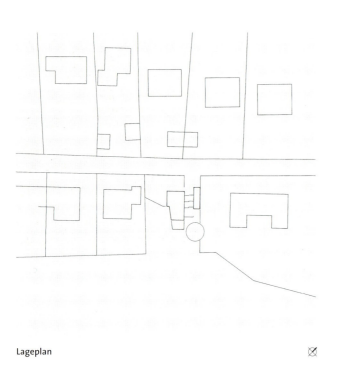

Lageplan

So wie sich das Haus unauffällig in seine Umgebung einfügt, sind auch die Eingänge zurückhaltend gestaltet. Ein schmaler Weg führt von der Straße zu den etwas versteckten, seitlich gelegenen Türen.

Die massiven Wände sind ringsum von einer Schalung aus rauem, naturbelassenem Lärchenholz umschlossen, aus der unterschiedliche Tür- und Fensterformate herausgeschnitten sind.

Bauherr:
Eser GmbH
Standort:
Ambergerstraße 8,
86152 Augsburg
Architekt:
Titus Bernhard,
Augsburg

Keine wie die andere
Wohnanlage Sanderstraße in Augsburg

Katharina Matzig, Jahrgang 1968, ist am Niederrhein geboren und hat in Niedersachsen studiert. Seit sechs Jahren lebt sie, wo sie früher ihre Ferien verbrachte: in Bayern.

Wer mit offenen Augen durch die Gegend geht, der müsste eigentlich zu dem Schluss kommen, dass die meisten aller etwa 100.000 in Deutschland eingetragenen Architekten – davon in Bayern ungefähr 17.000 – in PR-Agenturen und Internet-Firmen, in Lektoraten, bei Architektenverbänden oder Fachzeitschriften angestellt sind, Kneipen und Restaurants betreiben oder reich geheiratet haben, jedenfalls kaum Zeit finden zu bauen. Anders nämlich lässt sich schwer erklären, warum nur die wenigsten Häuser mehr sind als belang- und weniger als geschmacklos, warum die meisten Bauten so aussehen, als wären sie ohne Architekt gebaut – was für den Wohnungsbau ja auch tatsächlich zutrifft. Mit der mangelnden Arbeitszeit der Architekten allerdings hat das nichts zu tun. Es gibt zu wenig Geld zum Bauen, sagen die einen. Es gibt zu viel Geld zum Bauen, sagen die anderen. Der Bauträger ist schuld, ist zu hören. Denn der beherrscht den Wohnungsbaumarkt zu knapp 95 Prozent und spart in der Regel das Geld für die Leistungen des Architekten, um es in ein Marmorimitat für das Badezimmer zu investieren.

Das alles ist vermutlich nicht ganz falsch. Auf jeden Fall jedoch geht es auch anders: In Augsburg ist in der Sanderstraße eine Wohnanlage entstanden, die ein Bauträger in Auftrag gegeben und ein Architekt geplant hat. Zumindest bis in die Leistungsphase 4, also bis zur Genehmigungsplanung. Und auch wenn der junge Augsburger Titus Bernhard die grobe Ausführung der Balkonbrüstungen, die plumpen Treppen in den Garten, die nach dem beigen Anstrich ein wenig wie Plastik aussehenden Holzfenster bemängelt, dann sind diese kleinen Schönheitsfehler, die ohne seine Mitsprache entstanden sind, zwar schade, doch nicht tragisch. Denn die schlanke Wohnanlage im Prinzviertel ist schon auf den ersten Blick eine wunderbare Ausnahme von der traurigen Regel – für das Auge und erst recht für die Bewohner.

Keine der sieben Eigentumswohnungen in der Sanderstraße ist wie die andere, obwohl sie alle auf der Nordseite straff hinter Laubengängen zusammengebunden und einheitlich unter einem flachen Dach gestapelt sind. Auch die zwölf edlen Container, aus denen sich die Anlage zusammensetzt, sind alle gleich, je drei von ihnen wurden zu kleinen Wohntürmen übereinandergesetzt, zu viert liegen sie nebeneinander pro Geschoss, jeweils von einem verglasten Treppenhaus oder einem schmalen Zimmer voneinander getrennt. Und doch ist es gerade diese Gleichheit, die sämtliche Wohn-Variationen ermöglicht, vom Penthouse bis zur dreigeschossigen Wohnung,

Optisch trennen die gläsernen Erschließungsfugen die vier schlichten Wohntürme voneinander. Im Inneren sorgen sie – je nach Aufteilung der durchgesteckten und lichtdurchfluteten Räume – für die vertikale oder horizontale Verbindung.

Der Architekt wurde vom Bauträger leider nur bis zur Genehmigungsplanung beauftragt. An den groben Balkongeländern und den ungelenken Treppen ist das nicht zu übersehen.

1 Wohnen
2 Küche
3 Essen
4 Schlafen
5 Ankleide
6 Arbeiten
7 Lesen
8 Gäste
9 Bad
10 Diele
11 Lager
12 Wintergarten
13 Windfang

Variante

Erdgeschoss

1. Obergeschoss

2. Obergeschoss

Variante

vom Eineinhalb-Zimmer-Apartment unter dem Dach bis zur 150-Quadratmeter-Wohnung mit Garten: Zumindest die ersten Käufer nämlich hatten die Auswahl, sich die knapp 50 Quadratmeter großen Räume nach Wunsch zusammenzustellen, sie in der Höhe zu verbinden oder in Reihe zu schalten. Dem Bauträger garantierte diese Flexibilität einen geradezu reißenden Absatz der hochpreisigen Wohnungen, dem innerstädtischen Viertel dient die Wohnlage durch diesen genial simplen Kunstgriff zudem als Mittler, der als Zwitterwesen zwischen strengem Riegel und versetzt aufgereihten Türmen sensibel die kleinen Villen mit den viergeschossigen Altbauten versöhnt.

Vielleicht sollte man warten, bis es dunkel wird. Dann nämlich erleuchten die großen, komplett verglasten Zimmer auf der Südseite des Hauses die alten Bäume des parkähnlichen Gemeinschaftsgartens. Dann vor allem erkennt man das Karomuster aus schwarzen Decken und dunklen Schotten, die die hellen Flächen voneinander trennen. Und dann vor allem entfalten die raumhohen, fein gestreiften hölzernen Schiebeläden vor den Fenstern ihren Zauber, der die Bewohner vor allzu neugierigen Blicken schützt.

Fast mediterran wirkt die weißverputzte Gartenseite mit den großen Glasflächen und Holzläden, die abwechseln mit schmalen Balkonen. So als wären es zum Meer nur ein paar Schritte über das helle Bambusparkett, das komplett in den durchgesteckten Räume verlegt ist und das beinahe nahtlos in die holzbeplankten Terrassen und Balkone mündet. Sehr viel städtischer dagegen sieht die Nordfassade aus. So dicht ist sie an die kürzlich sanierte und modernisierte Wohnbebauung aus den 30er Jahren herangerückt, dass sie sich den gelbgetünchten Nachbarn mit vier riesigen Betonbügeln auf Abstand hält. Zum Trost jedoch werden hinter der brachial starren Kulisse die Auftritte und Abgänge der Bewohner auf den Laubengängen zur tagtäglichen Neuinszenierung. Hinschauen erwünscht!

Katharina Matzig

Lageplan

Die Südseite öffnet sich komplett zum Gemeinschaftsgarten mit seinen alten Bäumen. Bei Bedarf jedoch schützen die hölzernen Schiebeelemente die Bewohner vor neugierigen Blicken und zu viel Sonne.

Ob Penthouse oder zweigeschossige Wohnung: Die jeweils knapp 50 Quadratmeter großen Container lassen sich zu zahlreichen unterschiedlich großen Wohnungen zusammenschalten.

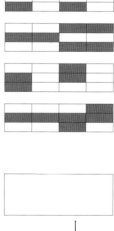

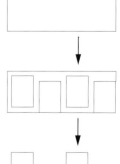

Das Spiel von offenen mit geschlossenen Flächen bestimmt die eindrucksvollen Fassaden der kleinen Villa. Mit Farbe hingegen hat der Architekt gespart: nur die Treppe und der Boden im Obergeschoss leuchten hell orange.

Immer an der Wand lang
Haus Reinecke in Leitershofen bei Augsburg

Bauherr:
Familie Stefan
und Marion Reinecke,
Leitershofen
Standort:
Lärchenweg 19,
86391 Leitershofen
Architekt:
Titus Bernhard,
Augsburg
Projektleitung:
Szabolcs Soti

Katharina Matzig, wohnt und arbeitet in München. An Augsburg begeistern sie Puppenkisten und Wohnkästen.

Dicht an dicht stehen die schlanken Bäume und das Licht malt Streifen auf die Allee – das muss Mecklenburg sein. Gelb glänzt das schmucke kleine Schloss vor dem Wald, dahinter schimmert, na was schon? – die Ostsee. Nicht eher die Loire? Nein, die ziegelgemauerten Schornsteine der imposanten Spinnereien können eigentlich nur in England stehen. Alles falsch. Die trügerische Straße führt nach Leitershofen, in einen westlichen Vorort von Augsburg, Oberschwaben, Deutschland. Daran lässt das Ortsschild am Rand der Allee ebensowenig Zweifel wie die blickdichten Thujahecken um die Vorgärten der Wohnsiedlung, die aggressiv angespitzten Jägerzäune, die messingbeschlagenen Eingangstüren aus der letzten Baumarktsonderaktion und die pflegeleichten Plastikbalkonbrüstungen Marke »Kufstein natur«. Kein Grund zum Bleiben also. Stünde da nicht dieses Haus an der Ecke, das sich hierher nur verirrt haben kann, das zufällig vom Himmel gefallen sein muss, aus einer anderen Zeit stammend und aus einem anderen Land.

Dabei ist der kubische Bau im Lärchenweg eigentlich ganz bodenständig, zumindest zu einem Viertel des Erdgeschosses. Und der junge Architekt Titus Bernhard kommt nicht aus Amerika, auch wenn er dort einmal bei Richard Meier gearbeitet hat. Er ist in Augsburg geboren und betreibt dort auch sein kleines Büro. Seine zweigeschossige, strahlend weiße Wohnplastik erinnert zwar an eine Villa der klassischen Moderne, doch mit einem Preis von etwa 600.000 Mark war sie kaum teurer als ein komfortables Reihenhaus. Und vermutlich wird es auch nicht mehr lange dauern, bis der Jüngste der drei Hausbewohner die edlen grauen Sichtbetonwände, den schwarz schimmernden Schiefer auf dem Boden und die großen Glasscheiben mit bunten Wachsmalkreiden getauft hat. Was ihm wahrscheinlich überhaupt nicht übel genommen wird.

Zwei Meter hoch ist die weiß getünchte Mauer, die das Eckgrundstück mit sanftem Schwung umfasst, ehe sie den Blick freigibt auf den leicht ansteigenden Rasen und die Gartenseite des strengen Baukörpers, der nachts mehr noch als tags nicht zu übersehen ist. Dann nämlich verwandeln die großen, rahmenlosen Glasflächen des Wohnzimmers im Erdgeschoss und der üppige, verglaste Einschnitt im Obergeschoss das Haus in ein weithin leuchtendes Ufo, das sich strahlend auf dem kieselgesäumten Grün niedergelassen hat. Sichtgeschützt hingegen verschwindet die Straßenfront des Hauses hinter dem dichten Betonzaun und uneinsehbar öffnen sich die Glastüren des Esszimmers auf einen intimen, ein wenig japa-

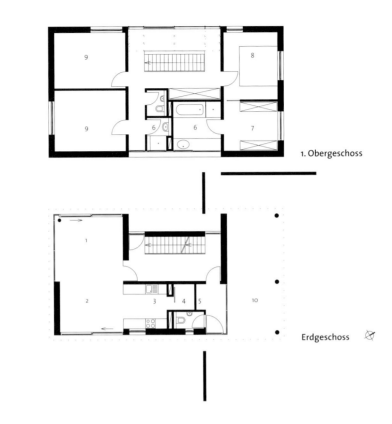

1 Wohnen
2 Essen
3 Küche
4 Speisekammer
5 Gang
6 Bad
7 Ankleide
8 Schlafzimmer
9 Kinderzimmer
10 Carport

1. Obergeschoss

Erdgeschoss

nisch anmutenden Vorgarten, auf eine kleine Komposition aus Kieseln, einem Baum, Bambus und der weißen Wand. Dabei ist die sinnfällige und schöne Aufteilung des Grundstücks in ein ganz privates Freiluftzimmer und einen großzügigen Garten nur der äußere Gewinn der umschließenden architektonischen Geste. Die Betonmauer zieht sich zudem auch innen wie ein weißer Faden durch das Gebäude, das ansonsten mit Wänden eher sparsam umgeht. Jedenfalls im Erdgeschoss, in dem Wohnzimmer, Essbereich und Küche ineinander übergehen und sich durch die Glasflächen sogar bis nach draußen fortzusetzen scheinen. Klar gegliedert hingegen ist das Obergeschoss, das weit über das Erdgeschoss hinausragt. Dabei überdacht der auf drei schlanken Betonstützen ruhende Überhang nicht nur den gläsernen Eingang, sondern sorgt zudem für etwas mehr Platz in dem mit 150 Quadratmetern nicht allzu großzügig bemessenen Haus. Ganz ohne Fenster zur Straße kommen die Zimmer im Obergeschoss aus, der Ankleideraum mit anschließendem Elternschlafzimmer sowie, gegenüberliegend, das eine der beiden Kinderzimmer. Nur einen schmalen Fensterstreifen ließ der Architekt in die Straßenfassade einschneiden. Er reicht gerade aus, um die beiden mittig angeordneten Badezimmer zu belichten und zu belüften. Denn beinahe verschwenderisch sorgt die offene Galerie unter dem gläsernen Dach auf der Gartenseite für Luft und Licht.

Ebenso klug zurückhaltend wie bei der äußeren Gestaltung ist Titus Bernhard auch im Inneren des Hauses vorgegangen. Die Wände wurden in Beton belassen, der Boden im Erdgeschoss komplett mit Schiefer belegt, als einzige Farbe leuchtet der Linoleumboden im Obergeschoss in warmem Orange. Minimal sind die Details, wobei sich hier die Schlichtheit lediglich auf das Aussehen und nicht auf Ausführung und Planung bezieht. Denn sorgsamst sind die Böden verlegt, die über eine Fuge von den Wänden getrennt sind. Türzargen verschwinden ebenso in den Wänden wie die Türgriffe, für die passgenaue Aussparungen gezeichnet und gebaut wurden. Nur bei der Treppe hat der Architekt sein Können ganz offensichtlich zur Schau gestellt: Die Stufen der luftigen Betonskulptur sind einseitig in die Wand eingespannt und schweben frei vor einer durchgehenden Glasscheibe, die zum sicheren, aber unsichtbaren Geländer wird.

»Und wann kommt das Dach?«, fragen immer noch die Nachbarn aus ihren Blumenbeeten, wenn sie auf den Fremdkörper in ihrer Siedlung blicken. Das Haus hat polarisiert, Anhänger ebenso gefunden wie Verächter. Die junge Familie jedenfalls hat ihr Traumhaus bekommen, der Architekt ein paar neue Aufträge und die Stadt Augsburg eine weitere Sehenswürdigkeit, nicht ganz aus unserer Zeit, nicht ganz aus dieser Welt.

Katharina Matzig

Lageplan

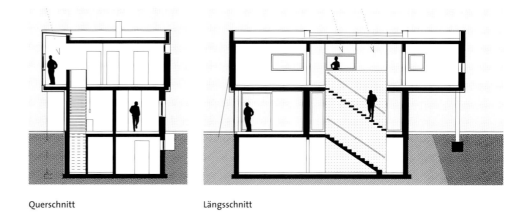

Querschnitt Längsschnitt

Drei schlanke Betonsäulen stützen das auskragende Obergeschoss. Der Trick aus der klassischen Moderne sorgt für mehr Platz und schützt zudem das Auto vor Regen. Einladend wurde der Eingang komplett verglast.

Ein schweres Dach aus Beton spannt sich über den Eingangshof der neuen Riemer Aussegnungshalle (rechts). Vom Hof gelangt man in die Kapelle und zu den Aufbahrungsräumen (unten), deren warmes Eichenholz Intimität schafft.

Pioniere auf der Schotterebene
Friedhof und Aussegnungshalle in München-Riem

Bauherr:
Landeshauptstadt München, vertreten durch MRG Maßnahmeträger München-Riem GmbH, München
Standort:
Straße am Mitterfeld 68, 81829 München
Architekten:
Andreas Meck und Stephan Köppel, München
Projektleitung:
Werner Schad
Landschaftsarchitekten:
Axel Lohrer und Ursula Hochrein, Waldkraiburg

Lisa Diedrich, geboren 1965, arbeitet als Assistentin des Münchner Baureferenten und als Architekturjournalistin. Das Vokabular der Moderne trichterten ihr die Pariser Neo-Corbusianer ein; nun findet sie es auf der bajuwarischen Ebene.

Noch steht es unentschieden in München-Riem. Berge aus Baukies überragen die ersten Wohnquartiere, metallische U-Bahn-Eingänge schieben sich aus der Erde, die Seitenfront der neuen Messe fluchtet weit in die Ebene. Hier im Osten ringt die Stadt mit dem Land, der Wind frisiert die Bäume, und die Tundra scheint so nah, dass es kaum verwundern würde, wenn am Horizont plötzlich Tataren angeritten kämen. Seit 1992 der Münchner Flughafen umzog nach Norden ins Erdinger Moos, baut die Stadt in public-private partnership auf den freigewordenen 560 Hektar die so genannte Messestadt Riem: mit Wohnungen für 16.000 Menschen, 13.000 Arbeitsplätzen, Messehallen, Parkhäusern, Büros, Geschäften, Schulen, Kindergärten und dem Anspruch, durch hohe Baudichte und niedrige Flächenversiegelung ökologischen Städtebau zu verwirklichen. An den Flughafen erinnert nur noch der rote Tower und die einstige Abfertigungshalle mit ihrem denkmalgeschützten Wappensaal. Und – unfreiwillig? – die Promenade des französischen Landschaftsarchitekten Gilles Vexlard, die das Stadtviertel im Süden beschließt und zum 200 Hektar umfassenden Landschaftspark überleitet. Schnurgerade und baumlos wie eine Startbahn rauscht sie ins Nichts. Wahrscheinlich hatte der Meister Versailles im Kopf und vergessen, dass er mit beiden Beinen auf der Schotterebene stand. Abgesehen von der unpassenden Grandeur der Achse darf es als vorbildlich gelten, dass der Park vor der Stadt da ist und schon den ersten Bewohnern weite Wiesen und lichte Kiefern-Eichen-Wäldchen zum Spazieren und Lagern bietet.

Mit der Weite und Großzügigkeit der Landschaft spielen auch die Planer des neuen Riemer Friedhofs und seiner Aussegnungshalle. Der alte Friedhof, am Westrand der Messestadt, ragt mit seinen mächtigen Baumkronen wie eine Insel aus der Ebene. Geschickt nimmt die neue Halle den streng orthogonalen Grundriss auf, behauptet sich ganz selbstverständlich als Kopfbau der Anlage und integriert damit formal auch eine Durchgangsstraße, die Alt und Neu trennt. Den Baumkronen setzten die Architekten Andreas Meck und Stephan Köppel ein hohes Betondach entgegen – ähnlich wie die Bäume birgt es unter sich alle anderen Räume sowie den Eingangshof. Besucher erleben es als Portal zum neuen Friedhof und erstaunen womöglich über eine weitere grandiose Geste hier draußen im Osten. Dem diskreten Charme von Flugzeughallen hängen die Architekten jedenfalls nicht nach, eher wohl dem des Béton brut aus Chandigarh. Tatsächlich wollten sie schwere, aus der Erde wachsende Körper in die fließende

Eine betongefasste Bruchsteinmauer umfängt das Gebäude. Im Nordosten verläuft ein schmales Wasserbassin entlang der Mauer und reflektiert das Sonnenlicht bis in den Innenraum der Kapelle.

Indirektes Licht schafft eine sakrale Atmosphäre in der Kapelle. Durchgehendes Pflaster, Mauerwerk und Wandholz verbinden Innen- und Außenräume zu einer einzigen Raumskulptur.

Landschaft setzen. Sie verwendeten massive, unbehandelte Materialien: Beton und Naturstein, Corten-Stahl und Eichenholz. Besonders die sorgfältig gearbeiteten Holzverkleidungen, das Natursteinpflaster und die Bruchsteinwände verleihen dem Bau etwas Intimes – in der Kapelle sieht man fast noch den Schreiner stehen, der jeder Latte eine andere Breite gab und den ganzen Raum in Handarbeit wie ein einziges Möbel fertigte. Ärgerlich, dass der Bauherr im Raumprogramm mit Quadratmetern geizte, sodass heute kaum eine Trauergemeinde vollzählig in der Kapelle Platz nehmen kann. Vorausschauend bauten die Architekten eine großzügige Glasfront zum Hof – und sicherten Draußenstehenden den Blickkontakt.

So sehr sich der Hof der Landschaft öffnet, so sehr verwehren die Innenräume den Blick nach außen und verleiten zur Einkehr. Licht fällt meistens indirekt durch Oberlichter, verdeckte Fensterbänder oder Lichthöfe ein – das schafft eine sakrale Atmosphäre. Die Aufbahrungszellen liegen hinter einer Holzfront an einem Gang, und wer hineinblicken will, der schwenkt zwei massive Läden in den Gang, die einen intimen Raum aufspannen. Die Proportionen der Zellen entsprechen dem goldenen Schnitt. Keine Tür stört die ruhigen Wandflächen, denn die gesamte Rückwand lässt sich zur Seite aufschieben, unsichtbar auf Schienen geführt. Eine in Beton gefasste Mauer aus Bruchstein umfängt den gesamten Komplex und zeigt Vorbeikommenden den Ort als Insel. Ihre Länge ergibt sich dadurch, dass sie zwei Höfe zu beiden Seiten der Halle einbezieht: die Anfahrt für den Leichenwagen und den Betriebshof.

Der Weg von der Aussegnungshalle zum neuen Friedhof nimmt die Ausrichtung der alten Anlage auf, verspringt aber um ein paar Meter unter dem großen Betondach und vermeidet so eine banale Achse. Über eine Obstwiese führt der gneisgefasste Kiesweg auf einen bewachsenen Wall zu, steigt leicht an und geleitet durch eine Corten-Stahl-Pforte in das dahinter liegende Gräberfeld. Von außen vermutet man es kaum in der Wiesenlandschaft, würden die Baumkronen es nicht verraten. Im Inneren liegt ein Hortus conclusus, gerahmt von einer Trockenmauer. Sie verwehrt den Blick auf das direkte, eher unattraktive Stadtrand-Patchwork, betont den Horizont und schafft wiederum einen intimen Raum, der sich aus der Landschaft als Insel heraushebt wie die Aussegnungshalle. Auch die Reduktion auf möglichst wenig Einbauten findet man wieder: Bruchsteinmauern im Zentrum des Gräbergartens bilden den Hintergrund für breite Wasserbecken und ein Gießkannenregal aus Betonstelen, dahinter versteckt liegen Kompostkörbe und Grablichtautomaten. Die Landschaftsarchitekten Ursula Hochrein und Axel Lohrer haben mit den Architekten nicht nur den Wettbewerb im Team gewonnen, sie haben ihr Konzept auch bis hin zur Materialwahl gemeinsam umgesetzt.

Längsschnitt

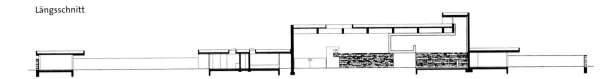

Ansicht West

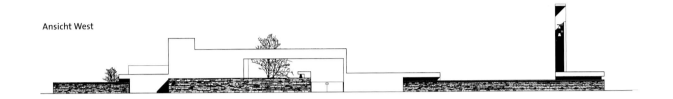

Aus vier Schollen besteht der Friedhof insgesamt, er bietet Platz für 5.600 Gräber und erlaubt das Durchqueren auf öffentlichen Wegen zwischen den Schollen. Das hatte Vexlard in seinem Parkentwurf vorgesehen. Da das Grundwasser im Münchner Osten sehr hoch steht, mussten die Schollen mit ihren Erdgräbern einen Meter über das Niveau der Ebene gelegt werden, um das Wasser nicht zu belasten. Der Kiesweg von Scholle zu Scholle führt deshalb auf und ab und unterstreicht das Gefühl, von Insel zu Insel zu schreiten. Der Weg ist schnurgerade, verschwenkt jedoch auf jeder Scholle. An den Knicks befinden sich die Wasserstellen. Jede Scholle erhält ihren Charakter durch unterschiedliche Vegetation: Wildäpfel, Kiefern und Birken, Kirschen, Eichen und Hainbuchen. Im Norden der letzten Scholle steigt der Weg hinauf zu einem Ausguck auf dem rosenbewachsenen Wall über der Autobahn. Der kleine Turm aus Beton antwortet dem Dach der Aussegnungshalle und ist den stadtauswärts Fahrenden längst als Landmarke bekannt: Hier beginnt die neue Stadt Riem.

Lisa Diedrich

Grundriss

1 Hof
2 Wasserbecken
3 Halle
4 Aufbahrungsräume
5 Besucherraum
6 Kühlraum
7 Pfarrer
8 Zufahrt Särge
9 Warteraum
10 Büro, Registratur
11 Aufenthalt Personal
12 Wirtschaftshof

Das Dach der Aussegnungshalle bildet das Portal für den neuen Riemer Friedhof. Von der Straße führt ein Kiesweg auf den überdachten Hof und dann weiter zu den Gräbergärten.

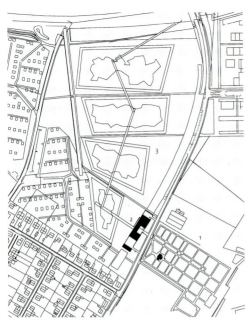

Lageplan

1 Alter Friedhof
2 Aussegnungshalle
3 Neuer Friedhof

Die Materialien der Aussegnungshalle finden sich auch in den vier »Schollen« des Friedhofs wieder: Bruchstein, Corten-Stahl, Beton. Nach außen zeigen die Gräbergärten allein ihre grasbewachsenen Wälle, im Inneren bieten sie umlaufende Wege mit Bänken und im Zentrum ein Wegekreuz mit Urnengräbern und Wasserstelle (unten). Der Künstler Hermann Biglmeier schuf aus vier Baumstämmen eine abstrakte Kreuzplastik (oben rechts). Der Weg durch die »Schollen« steigt zu einem Aussichtspunkt an (gegenüber).

Wieviel Mexiko braucht der Mensch?
Impressionen aus der Luitpoldsiedlung in Hohenbrunn bei München

»Viele der Leute hier in der Siedlung haben unseres Wissens schon versucht – soweit das finanziell möglich ist – sich gemäß des Stils der Häuser einzurichten.« Anwohner

»Am Anfang dachte ich, die bauen da mitten auf dem Feld eine Kirche, aber als dann alles fertig war, war ich positiv überrascht. Das ist doch wirklich viel besser als der Einheitsbrei, der sonst so gebaut wird!« Passant

»Wir haben zwar jetzt eine Menge Schulden, aber für dieses Haus lohnt es sich wenigstens. Ich freue mich jedes Mal, wenn ich nach Hause komme. Würde ich in so einem Standard-Haus wohnen müssen, müsste ich, glaube ich, jeden Abend kotzen. ...Diese Häuser sind einfach wahnsinnig gemütlich, und man kann sich einfach sicher sein, dass dieses Haus, auch wenn es altert, seinen Charme nicht verlieren wird – eher im Gegenteil, es dürfte mit seinen weichen Formen im Gegensatz zu diesen billig produzierten Einheitskisten eher noch gewinnen.«
Anwohner

O-Ton-Sammlung
Birgit Höfer
Fotos
Stefan Müller-Naumann

»Wir finden die Siedlung ganz toll. Erstaunlich ist nur, dass es hier im Gegensatz zu anderen Gemeinden möglich war, so locker mit den Bebauungsvorschriften umzugehen. Es ist doch ein positives Beispiel, dass mal nicht alle Häuser in Reih und Glied stehen, und auch jeder beim Bau wohl einiges an Freiheiten hatte. Schade, dass es solche Projekte nicht öfter gibt.«   Passant

»Die Entwicklung war hier von Anfang an sehr positiv. Mit dem Architekten konnten wir noch vieles besprechen und umändern, die Handwerker aus dem Chiemgau haben für vergleichsweise wenig Geld tolle Arbeit geleistet. Und auch jetzt ist die Stimmung sehr gut. Es gibt viel Kontakt zwischen den Nachbarn und es ist schön, nicht in einer so anonymen Siedlung zu wohnen.« Anwohner

»Es ist doch erstaunlich, wie viele Leute extra hier vorbeikommen, um sich alles anzuschauen. Das zeigt, wie groß das Interesse an solch einer Art von Projekt ist.«   Passant

»Die Architektur hier ist ganz lustig, und erstaunlicherweise scheint ja alles gar nicht so viel teurer gewesen zu sein als in diesen Fertigbau-Großsiedungen.«   Passant

»Die Siedlung ist ideal für Leute, die auch vorhaben, ein Haus zu bauen. Viele verschiedene Baustile und Materialien, vom Holzrahmenbau über Beton zu massiven Ziegelbauten – da kann man sich gut einen Überblick verschaffen. Es wird dann auch häufig nach dem Architekten gefragt.«   Anwohner

»Ich finde hier alles ziemlich bescheiden. Man hat so den Eindruck – Hauptsache ich hab ein individuelles Haus – wie's dann ausschaut, ist ganz wurscht...«   Passant

»Wir haben am Anfang überhaupt nicht gewusst, auf was wir uns einlassen, als wir dieses Haus gekauft haben. Einerseits finde ich es natürlich toll, dass so viele Leute vorbeigehen, um sich alles anzuschauen und Fotos zu machen, andererseits bin ich natürlich nicht begeistert, wenn ich auf der Couch liege und mich mal wieder einer durchs Fenster anglotzt oder in der Garage rumspaziert.« Anwohner

»Die meisten Häuser sind ja schon ganz schön und auch sehr individuell, aber bei manchen fragt man sich dann doch, ob das nicht zuviel des Guten ist... zum Beispiel die mit den Säulen...« Passant

»Ich glaube, Leute, denen die Siedlung nicht gefällt, die ständig alles besser wissen und rumkritisieren, die sind im Grunde doch nur neidisch.« Anwohner

400 Sozialwohnungen in innerstädtischer Lage in Linz

Bauherr:
GWG Linz – Gemeinnützige Wohnungsbaugesellschaft der Stadt Linz/Donau Gesellschaft mbH
Standort:
Holzstraße, 4020 Linz (Österreich)
Architekten:
Herzog + Partner, München
Projektleitung:
Klaus Beslmüllera

Lageplan

Die hohen Grunderwerbskosten und das Ziel, zentrumsnah eine möglichst hohe Dichte zu erreichen, ließ am östlichen Rand der Innenstadt von Linz zwei ruhige, in sich differenzierte Baukörper mit Ost-West-Orientierung entstehen, die den Maßstab der im Westen gegenüberliegenden Blockrandbebauung aufnehmen. Ein dazwischenliegender Anger durchgrünt das dichte Areal, das natürlich durchlüftet und durchsonnt wird. Versiegelte Fahrbahnen liegen nur unter den Häusern, die insgesamt 400 Sozialwohnungen aufnehmen. Sie erschließen die Doppelgaragen in der Mitte, die natürlich be- und entlüftet werden. Bäume und Stauden schirmen den Blick auf die offenen Garagenstellplätze ab. Eine großzügige Halle ersetzt den üblicherweise innenliegenden, schmalen Erschließungsflur eines traditionellen Zweibundsystems und bietet den Bewohnern einen lichten, grünen Gemeinschaftsraum mit gläsernem Dach. Ein Teil der Wohnräume öffnet sich zudem auf die Halle, sodass die Zimmer von zwei Seiten belichtet werden. Als Teil des Energiekonzepts heben die Transmissionswärmeverluste der Wohnungen die Temperatur des Gemeinschaftsraums und bereits die Erfahrungen des ersten Winters haben gezeigt, dass die geforderten Niedrigenergiewerte erreicht wurden. Die äußeren Längsseiten des Gebäudes sind stark wärmegedämmt. Die hinterlüfteten Vorsatzschalen aus Ziegelplatten haben standardisierte Maße, ebenso wie die raumhohen, lüftungstechnisch günstigen »französischen« Fenster, die die Wohnräume wie eine Loggia nach außen erweitern. Ein wirkungsvolles System der Wärmerückgewinnung aus der Abluft der Wohnungen im Winter ist vorgesehen. Nach Osten hin haben die Wohnungen zusätzlich vorgestellte verglaste Erker. Die durch den engen Kostenrahmen bedingten Serienfertigungen und die einfache Bauweise machen die Wohnungen anpassungsfähig: die inneren Trennwände und somit die Raumaufteilung ist flexibel.

Zweizimmerwohnung

 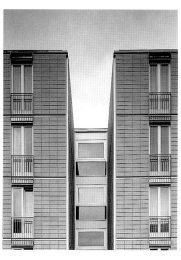 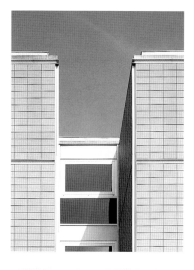

Der enge Kostenrahmen machte eine rationale und seriengefertigte Bauweise notwendig. Für die Fassaden wurden standardisierte Vorsatzschalen aus Ziegelplatten verwendet. Eine grüne Erschließungshalle ersetzt als großzügiger Gemeinschaftsraum den traditionellen Flur. Sie ist jedoch zusätzlich Teil des Energiekonzeptes: Die Transmissionswärmeverluste heben das Temperaturniveau in den Wohnungen, die Abluft wird über die Bad- und Toilettenräume mit mechanischer Unterstützung in Abluftschächte geführt und über das Dach ins Freie geleitet.

Wintertag

Solare Gewinne
Natürliche Lüftung
Wind unterstützte
Schwerkraftabsaugung

Sommertag

Solare Gewinne
Natürliche Lüftung
Wind unterstützte
Schwerkraftabsaugung

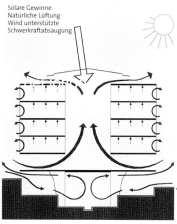 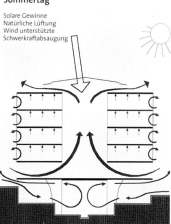

Winternacht

Transmissionswärme

Sommernacht

Natürliche Lüftung
Abkühlung
der Speichermassen

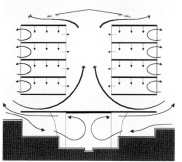 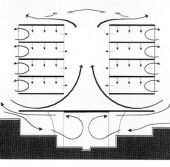

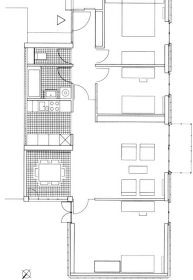

Vierzimmerwohnung

Bauherren:
Tanja und Peter Kemper,
Vornbach,
Sibylle und Martin
Gemeinhardt,
Neuhaus
Standort:
Dr.-Duisberg-Straße 11+13,
94152 Vornbach/Inn
Architekten:
Erwin Wenzl,
Manfred Huber,
Peter Kemper,
Vornbach

Zwei Häuser für zwei Familien mit gemeinsamem Nebengebäude und Garten in Vornbach

Gemeinsames Planen und Bauen stand im Mittelpunkt der Realisierung der beiden Eigenheime mit Nebengebäude für zwei Familien, und es entstand eine offene Hofanlage statt zwei einzelner Häuser. In Anlehnung an die alten Holzhäuser im Klosterdorf Vornbach wurden die Gebäude als schlanke Baukörper in Holzrahmenbauweise mit blechgedeckten Satteldächern errichtet. Fenster und Türen sitzen außenbündig und schlagen nach außen auf. Die Fassaden sind naturbelassen. Beide Häuser sind leicht von einander abgedreht, sodass sich der Blick in die Innauen öffnet. Holzterrassen führen die Wohnräume in die Landschaft über. Im gemeinsam genutzen Nebengebäude sind die Carports und Abstellräume untergebracht. Es schirmt zudem den Gartenhof zur Straße hin ab.

In beiden Häusern befinden sich die Koch-, Ess- und Wohnbereiche im Erdgeschoss, im Obergeschoss liegen die Schlafzimmer, Bäder und Arbeitsräume. Beide Gebäude sind nach Süden orientiert, um die Sonneneinstrahlung im Winter zu nutzen. Die Größe des Dachüberstands wurde zudem so bemessen, dass in den Wintermonaten die Sonne die Räume erwärmt, während im Sommer durch die natürliche Beschattung die Zimmer nicht überhitzen und die Holzfassaden zudem konstruktiv geschützt werden.

Die Niedrigenergiehäuser werden mit Flüssiggas im gemeinsamen Erdtank beheizt. Solar- und Regenwassernutzung ist vorgesehen. Die Außendämmung wurde mit Zellulose, Kork und Baumwolle ausgeführt. Bedingt durch die unterschiedlichen Grundrisse unterscheiden sich die Wohnhäuser auch in ihrer Gestaltung. Die Verwendung der gleichen Materialien und Details fasst sie jedoch harmonisch zu einer Einheit zusammen.

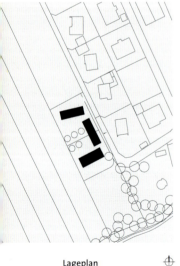

Lageplan

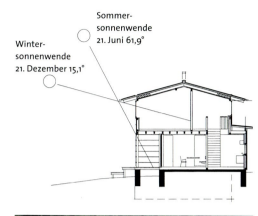

Wintersonnenwende 21. Dezember 15,1°
Sommersonnenwende 21. Juni 61,9°

Sensibel respektieren die strengen, holzverschalten Baukörper mit ihren flachen Satteldächern aus Blech die Bautradition im Dorf und führen sie doch unübersehbar zeitgemäß fort. Die gemeinsame Nutzung eines Nebengebäudes als Garage und Abstellkammer half Kosten zu sparen und gab zudem einem großzügigen Gartenhof Raum.

Ansicht von Westen

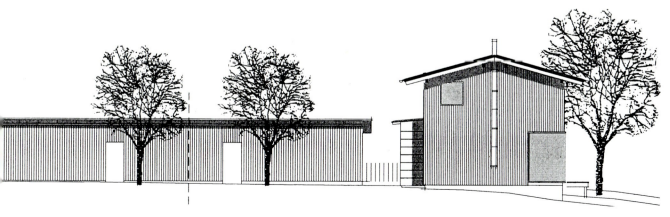

Lageplan

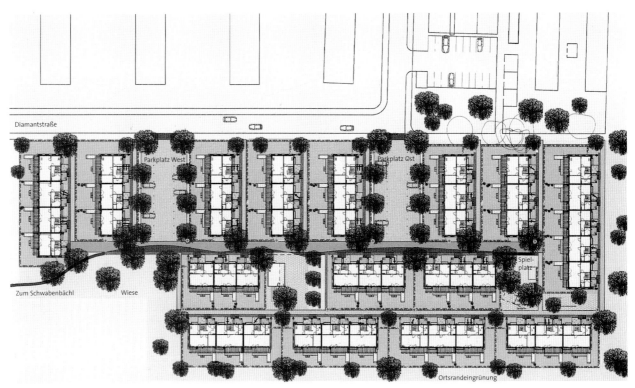

Bauherr:
Concept Bau München,
Projektentwicklung und
Wohnungsbau GmbH,
München
Standort:
Diamantstraße 18–112,
80995 München
Architekten:
Michael Ziller, München;
Helmut Zieseritsch,
Graz (Österreich)
Landschaftsarchitektin:
Irene Burkhardt, Freising

48 kostengünstige und ökologische Reihenhäuser in verdichteter Bauweise in München

Wer möchte nicht im eigenen Haus wohnen? Die erschwingliche Verwirklichung dieser Sehnsucht, zudem stadtnah gelegen und freilandschonend realisiert, ist Leitmotiv für die Siedlung Ludwigsfeld. Grundelement der Wohnanlage ist ein langgestreckter, zweigeschossiger Baukörper sowie drei Wohneinheiten, deren Stellung zueinander von der Besonnung und der Trennung in öffentliche und private Bereiche bestimmt wird: Die gewählten Abstände ermöglichen optimale Belichtung und differenzierte Außenräume. Die Wohnungen des Riegels haben drei, vier oder fünf Zimmer, sie sind etwa 86, 97 oder 107 Quadratmeter groß, wobei jedoch das konstruktive System variable Grundrisslösungen ermöglicht. Die Wohn- und Schlafräume sind zum privaten Garten und nach Süden, beziehungsweise Westen orientiert. Um die Privatheit nicht zu stören, erfolgt die Haupterschließung von der Straße über die Parkplätze. Diese bilden die zentralen Anlaufstellen der Wohnanlage und führen entlang der inneren Hauptachse zu den kommunikativen Zentren. Über ein internes, autofreies Wegenetz können alle Häuser zusätzlich ost- oder nordseitig erschlossen werden. Heizung und Hausanschlüsse aller Wohnungen sind in einem Technikgebäude zusammengeführt. Die großen Öffnungsflächen im Süden und im Westen ermöglichen passive Sonnenenergienutzung, das Regenwasser wird über blühende Versickerungsbänder, die gleichzeitig als Einfassung der Vorgärten dienen, dem Grundwasser zugeführt. Birken, Erlen und Obstbäume umrahmen die Siedlung.

Die intelligente, flexible Grundrissaufteilung und die geschickte städtebauliche Anordnung der Baumasse bieten den Bewohnern trotz der hohen Dichte und des engen Kostenrahmens größtmöglichen Freiraum. Als kommunikative Achse führt die interne Hauptstraße zu den gemeinschaftlichen Einrichtungen wie Parkplatz oder Spielplatz.

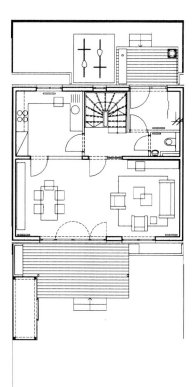

Obergeschoss

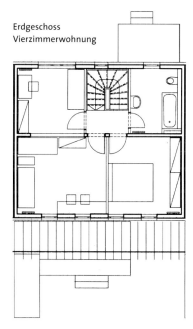

Erdgeschoss
Vierzimmerwohnung

Wohnhaus in Andechs

Bauherr:
Hellmut Bayer,
Andechs-Frieding
Standort:
Georg-Queri-Ring 14,
82346 Andechs-Frieding
Architekt:
Herbert Meyer-Sternberg,
München
Landschaftsarchitektin:
Christina Menzebach-Füss,
München

Große Bauernhäuser und der Gasthof bilden die Dorfmitte von Andechs-Frieding. Ihre schlichten, kubischen Formen waren Vorbild für das neue Wohnhaus, das sich mit seinem langgestreckten, einfachen Baukörper mit Satteldach bescheiden, aber doch unübersehbar in diese Nachbarschaft einfügt. Nach Westen hin öffnet sich das neue Haus: die Lage an der Hangkante sorgt für uneingeschränkt freie Sicht. Bedingt durch diesen Geländesprung wird das Gebäude im Nordteil über den Carport im Untergeschoss erschlossen. Zentrum des Hauses ist der zweigeschossige, offene Wohnraum mit Küche und Galerie. Die Kinder im Obergeschoss und die Eltern im Erdgeschoss verfügen jeweils über einen eigenen Bereich. Das Haus ist als Holzskelett auf einem Konstruktionsraster von zweieinhalb Metern und einem Ausbauraster von 0,625 Meter entwickelt. Die durchgängige Maßordnung ermöglichte eine weitgehende Vorfertigung, sodass der Holzbau innerhalb weniger Tage errichtet werden konnte. Die dunkelgraue Fassade aus BFU-Platten, die naturfarbenen Eichenfenster sowie die wintergartenähnliche Doppelfassade nach Westen geben dem Haus bei seiner zurückhaltenden Form ein auffällig zeitgemäßes Aussehen, mitten im Dorf. Wertvoller Baumbestand in unmittelbarer Nähe des Gebäudes blieb erhalten.

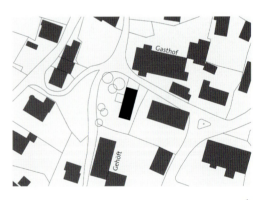

Lageplan

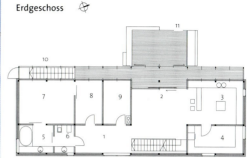

Erdgeschoss

1 Diele
2 Essen
3 Küche
4 Hauswirtschaft
5 Bad
6 WC
7 Schlafen
8 Ankleiden
9 Gast
10 Wintergarten
11 Terrasse

Für helle Aufregung sorgte das graue Haus im Dorf: Zu modern und unangepasst war vielen der im Westen komplett aufgeglaste Bau. Dabei steht die einfache Form mit ihrem flachen Satteldach und ihrer hölzernen Fassade schlicht und in bester Tradition neben dem alten Gasthof.

Schnitt

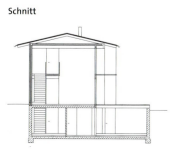

Wie eine Schere öffnen sich das zweigeschossige Schulhaus und der eingeschossige Riegel mit Nebenräumen und der Hausmeisterwohnung auf den dreieckigen Vorplatz. Ihr Verbindungsglied ist die hohe Pausenhalle, deren elegant freischwebende Treppe mit dem großen Podest zur Bühne für die Schüler wird.

Bauherr:
Landeshauptstadt München
Standort:
An der Schäferwiese 5,
81245 München
Architekten:
Krausen und Mühlenbeck-Krausen,
München (Wettbewerb)
Schunck Ullrich Krausen
Architekten, München
(Ausführung)
Projektleitung:
Martin Kerling

Grundschule mit Tagesheim in München

Die dreizügige Grundschule mit viergruppigem Tagesheim und Sportanlagen befindet sich auf der ehemaligen Schäferwiese im Münchner Westen, am Rand einer alten Villenkolonie. Das zweigeschossige Schulgebäude liegt parallel zur neuen, mit Bäumen bepflanzten Anliegerstraße. Ein langer, eingeschossiger Riegel wurde nach Süden versetzt und um zwölf Grad gedreht, sodass ein dreieckiger, allgemein zugänglicher Vorplatz im Norden entstand. Die Pausenhalle verbindet die beiden Schulhäuser. Durch ihre großen, verglasten Fassaden öffnet sich der Blick vom Vorplatz auf den begrünten Pausenhof.

Kern der Schule ist die Pausenhalle. Sie ist Orientierungspunkt, hier laufen alle Wege zusammen. Um den Mehrzweckraum vergrößert dient sie zudem als Aula für Schulfeste und Veranstaltungen. Eine freistehende Treppe verbindet die Geschosse, ihr Podest ist zugleich Bühne. Die Unterrichtsräume und Tagesheimgruppen sind nach Süden, zur Sonne hin ausgerichtet. Verwaltung, Lehrerzimmer und die Fachklassen im zweigeschossigen Gebäude orientieren sich nach Norden. Der langgestreckte, eingeschossige Bau nimmt die Hausmeisterwohnung, die Nebenräume des Tagesheims und der Sporthalle auf. Im Süden fügt sich die ins Untergeschoss abgesenkte Sporthalle an.

Durch das lichtdurchflutete, in alle Himmelsrichtungen offene Schulgebäude kann das Wechselspiel des Lichts, der Sonne und Wolken, der Tages- und Jahreszeiten wahrgenommen werden. Raumhohe Glaswände eröffnen Einblicke in die Klassenzimmer. Nach Norden ausgerichtet Oberlichte belüften die Klassen zur lärmabgewandten Seite. Die Belichtung von zwei Seiten sorgt zudem für gleichmäßiges Licht und reduziert die künstliche Beleuchtung. Im Sommer wird die hochstehende Sonne durch Beschattungseinrichtungen gefiltert. Die flache Wintersonne dagegen kann durch die verglasten Südfassaden tief in das Gebäude eindringen und mit ihrer Energie zur Beheizung beitragen. Die Böden sind aus Naturstein und Linoleum, die Wände aus Sichtbeton. Unbehandeltes Holz, Glas und Metall verleiten die Kinder zum Anfassen und zum Begreifen. Die Farben des Berliner Farbgestalters Erich Wiesner bringen die Schule zum Leuchten.

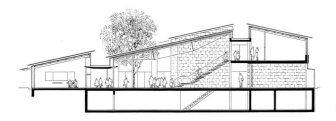
Schnitt

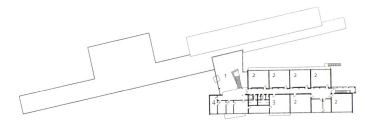

Obergeschoss
1 Luftraum Pausenhalle
2 Klassenraum
3 Lehrerzimmer
4 Verwaltung

Erdgeschoss
1 Pausenhalle
2 Klassenraum
3 Tagesheim
4 Mehrzweckraum
5 Musik
6 Werken
7 Turnhalle

Großzügig fällt Sonnenlicht in das Schulhaus. Es bringt die Farben des Gestalters Erich Wiesner zum Leuchten. Die roh belassenen Materialien Holz, Naturstein, Sichtbeton, Glas, Linoleum und Metall verführen die Kinder zum Begreifen ihrer Umgebung.

Fast gefährlich grazil ragen die eingespannten Treppenstufen aus der freistehenden blauen Wandscheibe, die den eigentlichen Werksbereich abtrennt. Die Treppe führt hinauf in die lichten Büroräume.

Werkhalle mit Büros in Augsburg

Bauherr:
Kienle & Schreiber, Maschinen- und Vorrichtungsbau GmbH, Augsburg
Standort:
Max-von-Laue-Straße 12, 86156 Augsburg
Architekten:
Ott Architekten, Augsburg
Projektleitung:
Richard Laeverenz

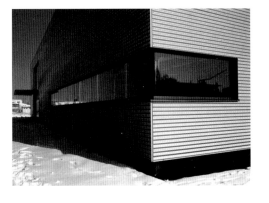

Die Bauaufgabe ließ keinen Spielraum für große Gesten: Gefordert war eine günstige Produktionshalle mit Büros, für ungefähr zwanzig Mitarbeiter eines metallverarbeitenden Betriebes in einem neuen Gewerbegebiet auf den Konversionsflächen einer ehemaligen US-Kaserne im Westen der Stadt Augsburg. So entstand ein schlichter Metallquader, jedoch mit unterschiedlichen Öffnungen und unverwechselbar eigenwilligen Proportionen. Drei dünne und kühn aus der Blechfassade kragende Betonscheiben setzen Akzente: sie markieren den Eingang und die Anlieferung. Die Büros sind zweigeschossig wie ein hohes Regal frei in die Produktionshalle eingestellt. Zwei große blaue Wandscheiben gliedern die Werkhalle. Die geschosshohen Verglasungen, die zwischen die Wände geklemmt wurden, verbinden Administration und Produktion. Wie hölzerne Schwerter ragen die Treppenstufen frei aus einer der beiden Scheiben. Der Aufstieg ins Obergeschoss geht dem Licht entgegen, auf die Galerie über der Halle, eindrucksvoll in Szene gesetzt durch eine Phalanx runder Oberlichter.

Schnitt

Less is more: Kraftvoll markiert die dünne Betonscheibe als unübersehbares Vordach den Eingang in den schlichten Metallquader.

Obergeschoss
1 Produktion
2 Lager
3 Büro
4 Besprechung
5 EDV

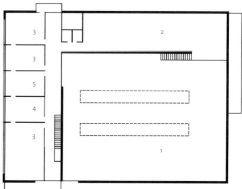

Bauherr:
Anna Diemer,
Steinkirchen
Standort:
Glas und Metall Diemer,
Logenweg 6,
85276 Hettenshausen
bei Pfaffenhofen/Ilm
Architekt:
Peter Heilmaier, München

Produktionshalle in Hettenshausen

Die Metallbauhalle der Firma Glas und Metall Diemer ist das erste Gebäude in einem neu ausgewiesenen kleinen Gewerbegebiet am Ortsrand der Gemeinde Hettenshausen. Ausgangspunkt für die Planung waren zwei unterschiedliche Anforderungen: Zum einen musste die Halle das Tätigkeitsfeld der Firma darstellen, also die Herstellung und Montage von Glasfassaden, Metallbau und Innenausbau, zum anderen sollte der Entwurf eine möglichst große Eigenleistung des Bauherrn ermöglichen.

Aus diesen Gründen entschieden Bauherr und Architekt sich für eine Stahlkonstruktion aus Standardprofilen für die Stützen und Träger, die mit beschichtetem Stahltrapezblech gedeckt wurde. Frei unter der Konstruktion steht – als farbiges Zentrum – ein signalroter Stahlbetonkern, der im Keller die Haustechnik, im Erdgeschoss die Personalräume und im Obergeschoss Besprechungs- und Nebenräume aufnimmt und die Halle zudem aussteift. Über dem Werkstattbereich liegen im Obergeschoss die Büros sowie das Sekretariat mit Empfang. Eine Trennwand aus Glas ermöglicht hier eine freie Sicht in die Montagehalle. Eine zweischalige Sichtbetonwand an der Westfassade dient als Speichermasse, die übrigen Fassaden sind gläsern. Durch Verwendung von Zugstäben konnte auf Fassadenpfosten verzichtet werden. Und nicht einmal der feststehende Sonnenschutz aus Aluminium-Streckmetall an der Südseite verstellt den Blick der Kunden und Spaziergänger auf die Fertigung und Planung des Betriebes: Die Produktionshalle wird zur Vitrine für den Hersteller und für seine Produkte.

Corporate Identity: Die fein-profilierten Glasfassaden und -wände sprechen beredt von der Leistung des metallverarbeitenden Betriebs, der einen Großteil der Halle erstellte. Die rot geschwungene Betondose sorgt konstruktiv für Halt. Sie beherbergt zudem Haustechnik, Personal-, Besprechungs- und Nebenräume und strahlt unübersehbar durch die gläsernen Fassaden nach außen.

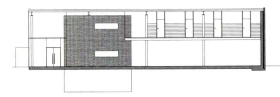

Schnitt

1 Flur
2 Empfang
3 Büro
4 Besprechung
5 Lager
6 WC
7 Luftraum Foyer
8 Luftraum Halle

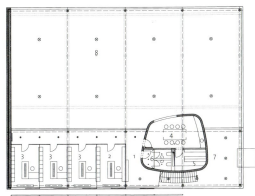

Grundriss

Bauherr:
Vereinte Krankenversicherung AG, München
Standort:
Hochstraße 14–16, Deutschherrnkarree, 90429 Nürnberg
Architekten:
Lauber Architekten, München

Kunden-Service-Center in Nürnberg

Auf dem Areal der ehemaligen Sandoz-Niederlassung, das heute Deutschherrnkarree heißt, fand die Vereinte Krankenversicherung AG geeignete Mietflächen für ein neues Kunden-Service-Center. Schon vor Beginn der Planungen wurden in mehreren Workshops die speziellen Anforderungen an die Räume und deren Ausstattung diskutiert. Besonderen Wert legte der Bauherr auf die ergonomische Qualität der Arbeitsplätze. Es mussten die langen Betriebszeiten von 8 bis 20 Uhr an fünf Tagen pro Woche, ein höherer Anteil an Teilzeitkräften und zudem starke Schwankungen im Anrufaufkommen eingeplant werden. Für besondere Aktionen sollte es möglich sein, die Mitarbeiter auf begrenzte Zeit zu neuen Gruppen zusammenzustellen, zusätzlich musste ein eigener Schulungsbereich integriert werden. Aus diesen Gründen entschied man sich für eine nicht personenbezogene Nutzung der Arbeitsplätze, ein so genanntes »Desk-sharing-Konzept«, bei dem die Kundenberater keinen festen Arbeitsplatz mehr haben und die persönlichen Unterlagen in einem Container-Caddy zu Beginn der Arbeit mit an den Platz genommen werden. In die früher als Tablettenabfüll- und Verpackungsanlage genutzten Räume wurde dann ein 15 x 15 Meter großer Innenhof eingeschnitten, um den sich die Großraumflächen für die Kundenberater-Plätze ordnen. Lange, geschwungene und hinterleuchtete Glasbausteinwände verbergen die Nebenräume. Zur Straße hin trennt eine Glaswand die Leitungsbüros, Besprechungs- und Schulungsräume ab. Die Document-Center, Teeküche und eine Sekretariatsinsel gliedern den Raum. Der anspruchsvolle technische Ausbau, Kühlung und künstliche Lüftung, verschwindet komplett in der Decke. Die künstliche Beleuchtung wurde als indirekte Grundbeleuchtung – im Großraum über Stehleuchten – und flexible Arbeitsplatzleuchten blendfrei und vom Mitarbeiter steuerbar gestaltet. Die niedrigen Trennwände zwischen den Arbeitstischen lassen auch im Sitzen ein Gespräch mit dem Gegenüber zu. Mit einem Handgriff ist es möglich, die Tische auf Stehhöhe, von 68 auf 113 Zentimeter zu verstellen und damit die Körperhaltung zu wechseln.

Mit der düsteren Fabrikhalle haben die Räume nach dem Umbau wenig gemein: Großzügig fällt das Licht durch den neu geschaffenen Innenhof auf die Schreibtische. Sie sind nicht personengebunden – die Mitarbeiter suchen sich jeweils neue Arbeitsplätze und bringen lediglich ihren persönlichen Container-Caddy mit an den Tisch.

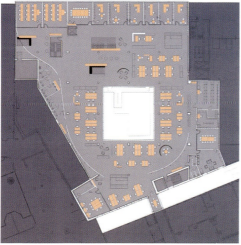

Elegant umschließt eine hinterleuchtete, gekurvte Glasbausteinwand den Arbeitsbereich. Sie sorgt für Stimmung und verbirgt zudem die Nebenräume. Teeküche, Document-Center und Sekretariatsinsel zonieren den offenen Raum.

Grundriss

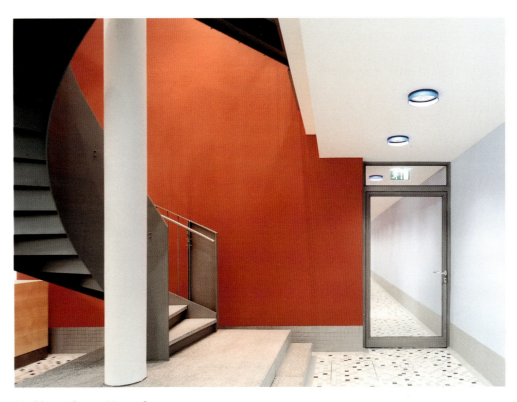

Bauherr:
Stadtwerke München GmbH,
Unternehmensbereich
Versorgung Badebetriebe
Standort:
Valleystraße 37,
81371 München
Architekten:
Guggenbichler + Netzer,
München

Sanierung Südbad München
Umbau der Umkleiden,
Einbau einer Sauna

In einem ersten Bauabschnitt wurde der Umkleidetrakt des bestehenden Bades aus den 50er Jahren komplett entkernt und umgebaut. Das Obergeschoss wurde damit frei für den Einbau einer Saunaanlage. Erdgeschoss und Obergeschoss wurden zu einem zusammenhängenden großen Umkleidebereich kombiniert und mit neuen Dusch- und WC-Anlagen im Erdgeschoss und mit Umkleiden für Schüler und Vereine im Untergeschoss ergänzt. Der neue Anbau auf der Nordseite ermöglicht die veränderte interne Erschließung über Stiefel- und Barfußtreppen. Im Obergeschoss entstand zudem eine großzügige Saunaebene mit finnischer und biologischer Sauna sowie einem Dampfbad. In einem zweiten Bauabschnitt sollen dann der Ruheraum und der vorläufige Frischluftbereich erweitert werden. Die verwendeten Materialien, die farblich gemischten Mosaikfliesen oder der Betonwerkstein, die starken Farbflächen und die klaren Formen respektieren das alte Bad und interpretieren doch selbstbewusst die Architektur der 50er Jahre neu.

Einladend leuchten die farbigen Wandflächen nach der Sanierung. Der strenge Anbau und die klaren Einbauten respektieren die Architektur der 50er Jahre, die bunten Mosaikfliesen und der graue Betonwerkstein im Innenraum schreiben sie zeitgemäß weiter.

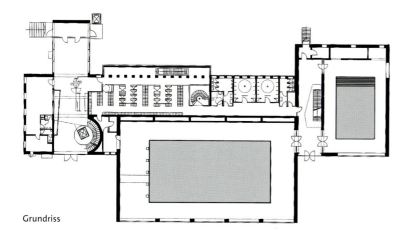
Grundriss

Wässrig blau schimmert die gefliese Wand, die das Tauchbecken der Sauna im Obergeschoss umschließt. Sie schützt vor indiskreten Blicken und zieht doch alle Aufmerksamkeit auf sich.

Außenanlagen zum Technischen Rathaus
Baureferat der Landeshauptstadt München

Bauherr:
Hanko Verwaltungsgesellschaft mbH & Co. Vermietungs KG, München
Standort:
Friedenstraße 40, 81660 München
Landschaftsarchitekt:
Wolfgang Herrmann Niemeyer, München
Projektleitung:
Konstanze Kim
Künstler:
Vito Acconci, New York

Von außen verrät sich die Gartenkunst des neuen Technischen Rathauses in München nicht. Man muss eintreten in den Block, um den sich das kühle Verwaltungsgebäude mit Fassaden aus Metall und Glas und seinem weithin sichtbaren achtzehnstöckigen Turm schmiegt (Architekten: Ganzer + Unterholzer, München). Der Turm und der geschlossene Garten – tatsächlich war es diese Verbindung, die den italienischstämmigen New Yorker Künstler Vito Acconci inspirierte. »Courtyard in the wind« heißt sein Werk: Er ließ oben auf dem Rathausturm ein Windrad montieren und unten im Hof einen Landschaftsring mit Bänken, Bäumen und Leuchten, auf Schienen in die Erde fügen. Weht der Wind, kreiselt der Rotor und setzt den Ring in Bewegung – eine Runde in der Stunde. Wer aus dem Bürofenster schaut, erlebt den Gartenhof also als bewegtes Bild. Und wer sich im Hof befindet, sieht ein Stück Weg durch den Rasen fahren.

Auch Landschaftsarchitekt Wolfgang Niemeyer versteht den Hof als Bild, das von oben betrachtet werden kann, und baute ihn streng geometrisch auf. Auch seine Landschaft verändert sich im Lauf der Jahreszeiten, wenngleich ohne Hightech – einfach mit dem Laub und den Farben der Vegetation. Ein Platanendach verlängert den Haupteingang an der Friedenstraße, die Stämme nehmen die Achsen des aufgeständerten Büroriegels auf. Die Pflasterfläche unter den Bäumen führt den harten Belag des Gehsteigs fort und reicht bis vor die Kantine. Hecken leiten über zum Zaun um die Kinderkrippe und den Kindergarten. Transparenz und Offenheit waren entwurfsbestimmend für das Gebäude – sie sind es auch im Innenhof, der die Anlieger ganz selbstverständlich einlädt, ihn zu durchqueren und zu genießen.

Eine Runde in der Stunde dreht sich der Landschaftsring samt Bäumen, Pflaster, Rasen, Bänken und Lampen im Hof. Er wird betrieben von einer Windkraftanlage auf dem Dach des achtzehnstöckigen Büroturms.

Lageplan

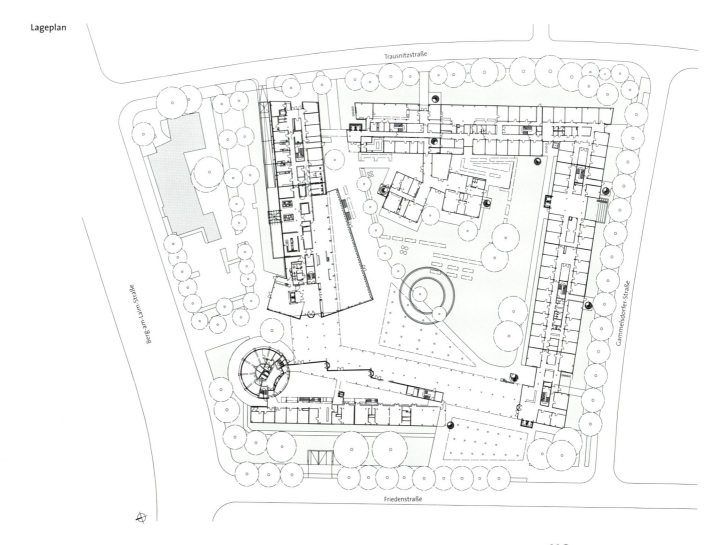

Bauherr:
Südbayerische Wohn- und Werkstätten GmbH, München
Standort:
Rosstalerweg 2–4, 81549 München
Landschaftsarchitekten:
Realgrün, München

Außenraumgestaltung Wohn- und Therapiezentrum für Sehbehinderte und Blinde in München

Der Außenraum bildet mit dem neuen Therapiegebäude das Herzstück der öffentlichen Gesamtanlage auf dem Gelände der ehemaligen McGraw-Kaserne. Ziel bei der Planung war hierbei das selbstverständliche Miteinander von behinderten und nichtbehinderten Menschen, das Projekt wurde als Modellprojekt vom Bundesministerium für Arbeit und Sozialordnung gefördert. Ein orthogonales Erschließungssystem wurde in Zusammenarbeit mit Mobilitätstrainern entwickelt und ist speziell auf die Bedürfnisse der mehrfach behinderten Sehgeschädigten, blinden und sehbehinderten Nutzer zugeschnitten. Es besteht aus einem deutlich lesbaren äußeren und inneren Erschließungsring, der die Wohn- und Therapiegebäude barrierefrei verbindet und den Behinderten im Außenraum weitestgehende Selbständigkeit ermöglicht. Neben der geraden Wegeführung sorgt ein Leitsystem für weitere Orientierungshilfe: Deutlich spürbar setzen sich die Oberflächenstrukturen an den Wegekreuzungen voneinander ab, ein »Blindenleitstein« markiert die Wegränder, die durchgehenden Handläufe sind mit Punktschrift beschriftet. In den bestehenden Baumbestand wurden zudem unterschiedlich gestaltete Bereiche eingebettet, die zur Aktivität oder Kontemplation verführen, etwa der Wassergarten, die Gärtnerei, der Klang- und Windgarten, der Marktplatz, der Spiel- und Bewegungsraum und der Gesprächsgarten. Das Angebot verschiedenster Materialien wie Sand, Wasser, Erde und Pflanzen sowie die unterschiedlichen Oberflächenstrukturen und Materialqualitäten fördern und regen dabei die Fähigkeiten und Interessen nicht nur der behinderten Menschen an.

Lageplan

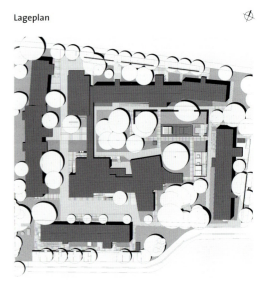

Ein streng rechtwinkliges Erschließungssystem sowie unterschiedlich gestaltete Gartenbereiche erleichtern den blinden und sehbehinderten Bewohnern die Orientierung. Blindenleitsteine und die verschiedenen Oberflächen auf dem Boden regen an und ermöglichen größtmögliche Selbständigkeit.

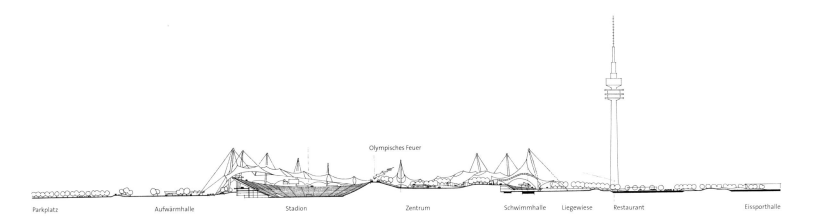

Olympisches Feuer

Parkplatz　Aufwärmhalle　Stadion　Zentrum　Schwimmhalle　Liegewiese　Restaurant　Eissporthalle

Schnitt
Ost-West

Auf die Plätze, fertig, stop
Olympiastadion:
Abriss, Neubau, Umbau?

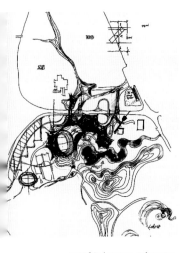

Lageplanskizze von
Carlo Weber
Wettbewerbsphase
1967

Gottfried Knapp, Jahrgang 1942, ist Redakteur am Feuilleton der »Süddeutschen Zeitung«. Er wünscht sich, dass das Parkhaus am Oberanger abgerissen wird und die Situation für das geplante Jüdische Zentrum am Münchner St.-Jakobs-Platz noch einmal überdacht wird.

Es kommt nicht allzu oft vor, dass architektonische Probleme sich zu einer politisch brisanten Angelegenheit ausweiten. Was sich in München in den Jahren 1998 bis 2000 um das nationale Monument des Olympiastadions abgespielt hat, ist ein öffentliches Lehrstück von bislang unbekannten Dimensionen. Um es beurteilen zu können, muss man ein wenig in die Geschichte zurückblenden.

Die bayerische Landeshauptstadt hat unter ihrem Oberbürgermeister Jochen Vogel eine höchst prominente Rolle in der Geschichte der Bundesrepublik und im Prozess der Reintegration der Deutschen in die Phalanx der zivilisierten Völker gespielt. Sie war ausersehen, die zweiten Olympischen Sommerspiele auf deutschem Boden nach dem von Hitler politisch instrumentalisierten Berliner Triumph von 1936 zu veranstalten, also der Welt so etwas wie einen Akt der deutschen Selbstreinigung vorzuführen. Die Sterne müssen günstig gestanden haben, damals, Ende der 60er und Anfang der 70er Jahre. Die Zusammenarbeit zwischen Stadt, Freistaat und Bund über Parteischranken hinweg funktionierte vorbildlich. Im vormals militärisch genutzten Oberwiesenfeld, auf dem sich die Schuttberge der Stadt erhoben, stand ein fast verschwenderisch großes Baugelände zur Verfügung.

Der radial vom Nymphenburger Schloss ausgehende barocke Kanal, der das Gelände diagonal durchzog, brachte zusätzlich das Element Wasser ins Spiel. Die Einbeziehung und Umgestaltung dieser landschaftlichen Elemente, also der Schuttberge und des Kanals, in das Gesamtkonzept und ihre Übersetzung in die Formen der Architektur gab denn auch den Ausschlag dafür, dass das junge Stuttgarter Architekten-Team um Günter Behnisch den Auftrag für die olympischen Sportstätten bekam. Die Entscheidung für die naturhafteste und gleichzeitig kühnste, zukunftsträchtigste Lösung hatte ein paar weitere personelle Glücksfälle zur Folge. Dass Frei Otto das von den Wettbewerbsgewinnern nur provisorisch angedachte, utopisch erscheinende transparente Zeltdach in die Realität übersetzte, also präzise durchkonstruierte, ja zu einer grandiosen Geste im Freiraum weiterentwickelte, und dass Günther Grzimek das weite Gelände um den organisch kurvierten Kern der Sportstätten mit formal vergleichbaren Mitteln in einen großen Landschaftspark völlig eigener Prägung ummodellierte, das alles hat so schlüssig ineinandergegriffen, dass man das Ergebnis als ein modernes stadträumliches Gesamtkunstwerk singulärer Art feiern kann. Heute, aus dem Abstand von fast einem Jahrhundertdrittel, stellt sich das Olympia-

gelände mit seinen atemberaubend leichten, kühn eleganten Sportstätten als das architektonisch wie ingenieurtechnisch bedeutendste, waghalsigste und gleichzeitig schönste Monument der deutschen Nachkriegs-Architektur dar. Und da das sportliche Weltereignis, obwohl von terroristischen Attakken schwer überschattet, sich im großzügigen grünen Park als ein Fest der Weltoffenheit, der Heiterkeit, der kulturellen Ungezwungenheit ins Gedächtnis geprägt hat, wuchs der Olympiapark mit seinen Sportstätten in den Rang eines nationalen Monuments hinein. Dass ausgerechnet die ehemalige »Hauptstadt der Bewegung« der Welt die neue Weltläufigkeit der Deutschen vorführte, steigerte noch den erhofften Effekt.

Für München und die Region jedenfalls hatten »die Spiele« allerhöchste Bedeutung. Die Stadt kam mit Hilfe des Bundes in wenigen Jahren einen gigantischen Schritt nach vorn. Sie bekam nicht nur erstklassige Sportstätten, einen großen öffentlichen Park, eine riesige Wohnstadt und ein Studentendorf geschenkt, sondern auch eine U-Bahn, das erste funktionierende S-Bahn-Netz und die erste große Fußgängerzone Deutschlands. Von dem uneinholbaren Vorsprung, den die Region damals gegenüber anderen Regionen herausgeholt hat, zehrt die Stadt heute noch; ja auch die jüngste Entwicklung zur Boomtown ist ohne die gewaltige nationale Anschubfinanzierung von damals nicht denkbar.

Man könnte also bei den Politikern in der Stadt und im Land eine gewisse Dankbarkeit gegenüber diesem Großereignis von 1972 und eine gewisse Ehrfurcht vor den Bauten, die etwas vom damaligen Glanz in die Gegenwart herüberretten, erwarten. Doch die haarsträubenden Umbaupläne für das Olympiastadion, die ein paar Jahre lang ernsthaft vorangetrieben wurden, haben wieder einmal gezeigt, dass in der Politik nur die nächstliegenden Erfolge zählen, dass um eines populistischen Effekts willen die Geschichte verraten wird. München hat sich immer für etwas Besonderes, für eine Kunststadt oder die »heimliche Hauptstadt«, gehalten. Seit einigen Jahren sind die Erfolge der lokalen Fußballvereine nicht nur im Selbstbewusstsein der Münchner, sondern auch in der Werteskala der Politiker an eine der obersten Stellen aufgerückt, was mit einer maßlosen Selbstüberschätzung bei den Vereinsoberen einherging. München geriert sich heute gerne als Fußball-Hauptstadt Deutschlands, ja als ein Zentrum des Welt-Fußballs. Doch ihr fehlt eine perfekte – kesselartig geschlossene – Fußball-Arena, wie die internationale Konkurrenz sie hat;

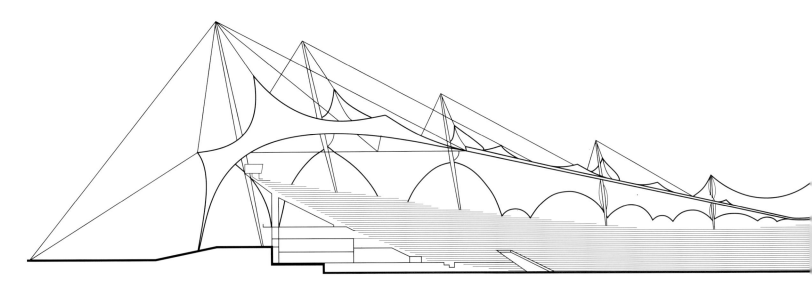

München hat »nur« ein schönes weites Leichtathletikstadion, in dem viel von der Dynamik des Fußballspiels verpufft. Das war der Ausgangskonflikt, aus dem sich in den letzten Jahren die blamable Folge politischer wie planerischer Irrtümer und Fehleinschätzungen entwickelt hat.

Den Anstoß zu den Umplanungen gaben die Fußballer, die zwar einigen Grund hatten, sich über das renovierungsbedürftige Olympiastadion als Spielstätte zu beschweren, aber sich im Ton regelmäßig vergriffen. Den ersten Attacken hielt Günter Behnisch als Vertreter der Urheber noch tapfer stand; ein Umbau des Leichtathletik-Ovals und seines Zeltdachs sei nicht denkbar. Doch nach Gesprächen mit den Betroffenen erklärte er sich zu einem Planungs-Versuch bereit. Er beließ das Rund des Stadions weitgehend so, wie es war, und packte die Zusatzfunktionen, die der Fußball verlangte – vor allem die Logen für VIPs und Sponsoren –, auf der nicht überdachten Seite des Stadions in einen aufgeständerten Rang über den hinteren Sitzreihen. Mit diesem hohen, ausladenden Aufsatz hat Behnisch zwar die Grundform des Stadions konserviert, aber den freien Ein- und Ausblick zwischen Besucherrängen und umgebender Landschaft verbaut und dem Olympiagelände einen schwer erträglichen Fremdkörper eingepflanzt. Das empfand auch Fritz Auer so, einer der ehemaligen Mitstreiter in Behnischs Olympiateam: Auer war über Behnischs olympischen Alleingang so verärgert, dass er zeitweilig sogar über das Urheberrecht die Sache stoppen wollte; jedenfalls hat er die ersten Schritte der sich sammelnden Protestbewegung tatkräftig unterstützt. Doch irgendwann wechselte er die Fronten; seinen Freunden erzählte er, er wolle durch seine Mitarbeit beweisen, dass die Umrüstung in ein Fußballstadion nicht gelingen könne. Sehr viel später scheint ihm dieser Beweis innerhalb der neu gebildeten Planungsmannschaft dann tatsächlich gelungen zu sein, doch bis dahin mussten alle Beteiligten noch einigen Ärger einstecken. Auf die nationale Frohbotschaft, dass die Fußball-WM 2006 nach Deutschland vergeben ist, reagierten Behnisch und Auer mit drei differierenden Entwürfen, bei denen das Oval unter dem Zeltdach jeweils verschmälert, die Spielfläche abgesenkt und die offene Seite des Runds, den FIFA-Forderungen gemäß, mit einem technisch wie ästhetisch problematischen schweren Hängedach überdeckt, das Zeltdach aber als Haupterkennungsmerkmal erhalten werden sollte. Von den Vertretern des Fußballs wurde die »Ring«-Lösung favorisiert, bei der ein aufgeständerter Rang die erforderlichen Zusatz-

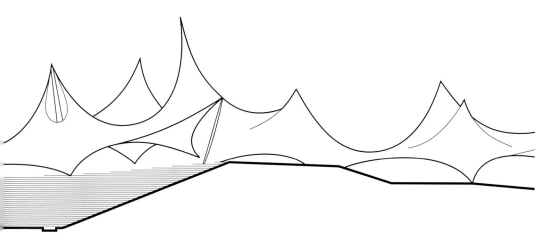

plätze aufnehmen sollte. Die Politiker aber votierten für die »Schüssel«, ein verengtes Oval, bei der die harmonisch geschwungene Haupttribüne erhalten geblieben wäre. Doch beide Versionen waren gespickt mit funktionalen Mängeln und technischen Risiken, die von den Architektenkollegen und der Presse gnadenlos aufgedeckt wurden. Als dann nach einem weiteren politischen Stadion-»Gipfel« zwischen den Vertretern von Stadt, Freistaat und Fußball die Architekten einen Verschnitt aus den beiden mängelbehafteten Vorschlägen, der die Fehler noch potenziert, als rettenden »Konsens« anboten, begann das Ganze zur Groteske auszuarten: Allen fachlich Interessierten war klar, dass sich aus dem Olympiastadion keine Fußballarena schneidern lässt. Doch die Politiker wollten sich mit den Tatsachen nicht abfinden, drängten auf Umsetzung – und so musste es zu jenem peinlich verspäteten Offenbarungseid der Umbauplaner kommen, der den Politikern ihr Lieblingsspielzeug entzog: Bei der Anhörung im Münchner Stadtrat gaben die Vertreter des Büros Behnisch kleinlaut zu, dass die Kritik an ihren Plänen berechtigt sei, dass sich aus dem Leichtathletikstadion kein funktionierender Hexenkessel zimmern lasse, dass die Risiken durch Grundwasser und beim Abriss der alten Schüssel unter dem konservierten Zeltdach viel zu groß seien, um das Projekt in den vorgesehenen Kategorien kalkulieren zu können. Der Stadt blieb so zwar eine bittere Erfahrung erspart, doch der Schock saß tief. Nun waren alle Beteiligten beschädigt: die Zunft der Architekten, weil einige ihrer angesehensten Vertreter die Öffentlichkeit jahrelang mit offenkundigen Irrtümern hingehalten hatten; die Politiker, weil sie aus politischem Kalkül alle Warnungen in den Wind geschlagen hatten; und die Bevölkerung, weil sie geglaubt hatte, dass ein Architekt vom Range Behnischs auch unlösbare Probleme lösen könne. Man kann darum nur hoffen, dass die Stadt oder die Vereine, wenn sie das dringend benötigte Fußballstadion in Auftrag geben, die Verantwortung nicht mehr an ein einzelnes Architekturbüro delegieren, sondern endlich den Wettbewerb ausschreiben, der schon längst fällig ist.

Gottfried Knapp

Altenerding, Wohnanlage »Haus im Haus«. Architekten: Ralph und Doris Thut

Wohnungsbau in Bayern...

München, Messestadt Riem: Galeria-Haus, Erschließungshalle. Architekt: Karl-Heinz Röpke

Jörg Nußberger, Jahrgang 1934, Ministerialrat a.D., war 20 Jahre lang an der Obersten Baubehörde verantwortlich für »technische Fragen des Wohnungsbaus«.

...ist, was rund 90 Prozent des Wohnungsneubaus betrifft, ein traurig stimmendes Thema. Auch wenn Einfamilienhäuser südlich des Weißwurstäquators besser jodeln als in nördlichen Breiten, ist das kein Trost. Noch immer wollen alle Leute um ihr Haus herumgehen. Ihr Traumhaus ist die Villa im Grünen. Der Siedlungsbrei wächst und wächst, wie es die gemeindlichen Bebauungspläne dem Bürgerwunsch entsprechend vorschreiben. Je preiswerter das Bauland, desto größer die Grundstücke. Macht Unkrautzupfen wirklich so viel Spaß? Muss man sich fürs Wohnen auch auf dem »flachen Land« bis an den Rand der finanziellen Leistungsfähigkeit verschulden? Es wäre doch schön, wenn man im Gegensatz zu den Großstädtern noch andere Möglichkeiten hätte, vernünftig Geld auszugeben. Und der Natur täte es gut, wenn sie mit weniger Asphaltbändern durchzogen würde.

Der Geschosswohnungsbau zeigt sich in der Regel seit Jahrzehnten in uniformer Einfallslosigkeit. Abgesehen von Verbesserungen des technischen Standards, insbesondere aufgrund gestiegener baurechtlicher Anforderungen, entspricht die Wohnqualität neuer Miet- und Eigentumswohnungen heute noch der vor 40 Jahren: Kleine Kochküchen, große Wohnzimmer, Elternschlafzimmer 12 Quadratmeter, Kinderzimmer 10 Quadratmeter, Balkon 1,40 Meter tief, Lift ab dem 6. Geschoss, Raumhöhe 2,45 Meter. DIN 18011 und 18022 lassen grüßen. Es gibt keinen Grund, von angeblich bewährten Mustern abzuweichen. Wohnungsnachfrager sind unaufgeklärt, kennen keine Wohn-Alternativen, bedenken nur ihren momentanen Raumbedarf. Sich ändernde Bedürfnisse der Kinder oder im Alter sind keine Entscheidungskriterien.

Und trotzdem ist Bayern zur Zeit das Mekka für wohnungsbauinteressierte Architekten aus ganz Deutschland. Hier hat sich in den letzten 20 Jahren eine »Wohnbauschule« entwickelt, die zumindest von Fachkollegen und Architekten zur Kenntnis genommen, verstanden, weiterentwickelt und auch in anderen Bundesländern in die Praxis umgesetzt wird. In Fachkreisen ist eine lebhafte Diskussion entstanden; seit langem war Wohnungsbau kein so aktuelles Planungsthema. Lehrstühle für Wohnungs- und Städtebau an deutschen Hochschulen werden mit Kollegen besetzt, die sich in Bayern mit Wohnungsbauprojekten profilieren konnten. Juroren ist es geradezu peinlich, wenn bei deutschen Prämierungswettbewerben überproportional viele bayerische Bauherren mit ihren Architekten die Preise »absahnen«.

Grundrisse Altenerding

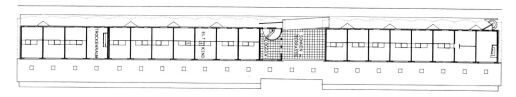

Dachgeschoss

2. Obergeschoss

1. Obergeschoss

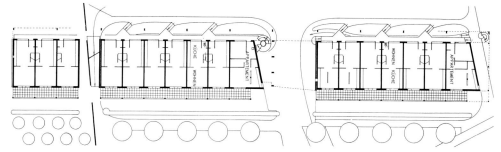

Erdgeschoss

Diese Entwicklung findet inhaltliche und finanzielle Unterstützung durch die Oberste Baubehörde im Bayerischen Staatsministerium des Innern, durch die sieben Bezirksregierungen und die Großstädte München und Nürnberg im Rahmen von »Modellvorhaben« des Sozialen Wohnungsbaus. Es sind zwar nur rund drei Prozent der jährlich zur Verteilung kommenden Fördermittel, die hierfür eingesetzt werden, doch die damit gebauten Wohnanlagen finden in der Fachöffentlichkeit Interesse. Es mag allerdings auch daran liegen, dass die Oberste Baubehörde speziell über diese Modellvorhaben Dokumentationen veröffentlicht. Bemerkenswert sind vor allem drei Bücher über »Wohnmodelle«, die an den Architekturfakultäten vielfach schon als Lehrbücher verwendet werden (siehe Literaturangaben rechts).

Der Prototyp neuerer bayerischer Wohnbauarchitektur stammt aus dem Fertigstellungsjahr 1984: die Wohnanlage in Altenerding der Architekten Ralf und Doris Thut und des Bauherrn Johann Adelsberger, der spontan bereit war, innovative Wege mitzugehen. Die »Wohnstange« mit 39 Mietwohnungen zeigt erstmals Gestaltungselemente, die in den Folgejahren bei Projekten auch anderer Architekten, die mit bayerischen Modellvorhaben des Sozialen Wohnungsbaus betraut waren, immer wieder auftauchen, abgewandelt und weiterentwickelt wurden. In Altenerding handelt es sich um ein viergeschossiges Gebäude, bestehend überwiegend aus übereinander gestapelten zweigeschossigen Reihenhäusern, die unteren unmittelbar vom Hof, die oberen über einen offenen, sehr breiten Laubengang erschlossen. Der Laubengang im 2. Obergeschoss ist über eine flache Treppe erreichbar, sehr bequem für alte Menschen. Bei Bedarf könnte aber auch sehr kostengünstig an den Laubengang ein Personenaufzug z. B. für Rollstuhlfahrer angebaut werden, über den auf der Ebene des 2. Obergeschosses 20 Wohnungen, davon auch einige Etagenwohnungen, erreicht werden könnten. Auch alle Räume des Kellergeschosses sind einzeln vom Hof aus zugänglich. Das so sehr offene Erschließungssystem bietet den Bewohnern viele Möglichkeiten zu Begegnungen mit den Nachbarn und zu Gesprächen. Für Kinder ist es ein geschütztes Spielparadies. Jeder Wohnung ist im Erdgeschoss ein kleiner Garten vorgelagert, ideal für Familien mit kleinen Kindern. Die Wohnungen im 2. Obergeschoss besitzen eine gedeckte Terrasse, die je nach Mieterwunsch als Wohnzimmererweiterung ausgebaut werden darf. Abgesehen von den Festpunkten Küchenzeile und Sanitärraum können die Mieter die Räume nach eigenem

Literatur:
**Wohnmodelle Bayern Band 1
Alternative Wohnformen.**
3. überarbeitete und erweiterte Neuauflage.
Stuttgart/Zürich 1997
**Wohnmodelle Bayern Band 2
Wohnungen in Holzbauweise.**
Stuttgart/Zürich 1997
**Wohnmodelle Bayern Band 3
Kostengünstiger Wohnungsbau.**
München 1999

Ingolstadt,
Integriertes Wohnen,
Stephanstraße.
Der Lift erschließt acht
Wohnungen je Etage.
Architekt:
Andreas Meck

Belieben abteilen und nutzen. Die Räume sind so bemessen, dass sie sehr variabel möblierbar sind. Das Pultdach über dem obersten Geschoss öffnet für die darunter liegenden unterschiedlich hohen Räume zusätzliche Gestaltungsmöglichkeiten. Für größere Familienfeste oder sonstige Feiern, für die in den Wohnungen zu wenig Platz ist, steht den Mietern im obersten Geschoss eine große Loggia und eine geräumige Terrasse zur Verfügung. Gartenliebhaber finden an der Westseite der Wohnanlage Grabeland zum Anbau von Blumen, Obst, Gemüse und Kräutern. Die an sich schon günstige Sozialmiete konnten die schon während der Bauzeit bekannten künftigen Mieter durch Selbsthilfe beim Innenausbau des Hauses oder auch durch ein gut verzinstes Darlehen verbilligen.

Dies ist nur ein Beispiel, das den Nutzern hohen Wohnwert und auch eigenen Gestaltungsfreiraum bietet. Die Palette ganz unterschiedlicher, sehr bedenkenswerter Beispiele ist groß. Stichwortartig erwähnt seien nur noch einige, so die sieben autofreien Siedlungen in Puchheim, Deggendorf, Passau, Röthenbach an der Pegnitz, Bayreuth, Veitshöchheim und Bad Wörishofen, wo Mietwohnungen des Sozialen Wohnungsbaus in der Form und Qualität von Einfamilienhäusern errichtet wurden, nicht größer als Etagenmietwohnungen, aber mit geschützten kleinen Gärten, großer Spielwiese und Gemeinschaftsräumen. Auf teure Keller wurde verzichtet, Abstellräume wurden in die Wohnungen integriert oder außerhalb der Häuser angeordnet. Die Bebauungsdichte ist annähernd so groß wie in Siedlungen mit Geschossbauten, bedenkt man, dass die Abstellplätze oberirdisch am Siedlungsrand nachgewiesen wurden.

Breiten Raum nimmt bei allen Wohnmodellen die Barrierefreiheit ein. Wohnanlagen in Günzburg, Ingolstadt, Kempten, Regensburg und Freising sind speziell unter dieser Vorgabe konzipiert. Und viele Beispiele gibt es in der Zwischenzeit, bei denen man sich sowohl im Geschosswohnungsbau als auch bei Eigenheimsiedlungen auf neue, besonders kostengünstige und ökologische Bauweisen konzentriert hat.

Es wird Zeit, dass diese Prototypen des Wohnungsbaus »in Serie aufgelegt« werden. Die vorbildlich dokumentierten Ergebnisse der Wohnmodelle müssen endlich von allen im Baugeschehen Verantwortlichen, insbesondere auch von Wohnungsbauverbänden, Bauträgern, Wohnungsbaugesellschaften und -genossenschaften und von politischen Entscheidungsträgern zur Kenntnis genommen, sachlich diskutiert und bei neuen Planungen bedacht werden. Auch die Käufer und Mieter spielen als »Nachfrager« eine wesentliche Rolle. Sie müssen das Machbare kennen lernen, ihre Wünsche klar artikulieren und dürfen sich nicht durch vordergründige (Kosten-)Argumente abspeisen lassen. Denn hohe Wohnqualität muss nicht teuer sein.
Jörg Nußberger

Ingolstadt,
Integriertes Wohnen.
Grundriss 1. Obergeschoss

Ingolstadt,
Barrierefreies Wohnen,
Gymnasiumstraße.
Architekturbüro:
Zwischenräume

Neue Sasse
Sanierung im Münchner Hasenbergl

Platz an der
Aschenbrennerstraße
Markthalle I
Kindergarten
Seniorenpavillon
Wohnhäuser
an der Petrarcastraße
Architekt:
Peter Ottmann,
München
Künstler (Platz):
Albert Hien
Werksteine:
Bauhütte Hasenbergl
Künstlerin (Kindergarten):
Iris Häussler
Künstler (Seniorenpavillon):
Michael Schultze
Künstlerin (Wohnhäuser):
Scarlet Berner

Dorothea Parker schreibt Baugeschichten. Zur Zeit will sie ins Hasenbergl ziehen.

Der Platz an der Aschenbrennerstraße wirkt wie eine Bühne: Vorhang auf für ein neues Hasenbergl! Gleich werden die Protagonisten auftreten vor der grünen Kulisse, vor dem wieder freigestellten historischen Kiefernwäldchen. Was sich auf dieser Bühne abspielen wird, ist noch unklar. Die Fläche ist neutral und nicht selbstverständlich zu bespielen. Der rötliche Splittbelag ist schwierig für feinere Absätze. Wahrscheinlich werden die Hauptakteure Fußgänger mit robusten Schuhen sein. Die meisten Hasenbergler tragen ohnehin Turnschuhe wie viele Menschen in der westlichen Welt.

So wenig festgelegt die Nutzung des Platzes ist, so definiert sind die Elemente um ihn, die ihn zu einem Mittelpunkt der Erneuerung machen. Die Markthalle I mit Supermarkt und Apotheke, mit Fahrschule, Gaststätten und Kunstbüro ist schon gebaut, ebenso das umsetzbare Zelt der »Bauhütte Hasenbergl«, in dem damals arbeitslose Jugendliche die tonintarsierten Platten, die auf dem Platz verlegt wurden, und die Schmucksteine, die die Fassade der Markthalle prägen, gegossen haben. Schon Markthalle und Bauhütte zeigen, worum es im Hasenbergl geht: um die Ergänzung einer reinen Wohnsiedlung und um eine neue Identität, die mit Architektur, Kunst und Selbst-in-die-Hand-Nehmen zu tun hat.

Liest man den Platz an der Aschenbrennerstraße richtig, hält man sich besser nicht mit dem Ausbuchstabieren des Buchstabenfelds auf, das in den Wald verläuft. Die Fabel vom Hasen und vom Igel bedeutet hier nicht viel. Wichtiger ist, wie hier fehlende Puzzlesteine in ein städtebauliches Ganzes eingesetzt werden.

Am Platz selbst wird noch ein Kindergarten gebaut und ein Seniorenpavillon mit einem Aufnahmestudio, in dem die alten Hasenbergler ihre Geschichte erzählen und so zu einem gemeinsamen Gedächtnis des Hasenbergls beitragen können. Doch nicht nur die soziale Infrastruktur wird ergänzt, sondern auch das Wohnungsangebot und der bisher unstrukturierte öffentliche Raum. An die benachbarten Zeilenbauten wurden querstehende Kopfbauten angefügt, in denen auch frei finanzierte Wohnungen, altengerechte Wohnungen und Wohnungen mit großen Dachterrassen geplant wurden. Das ist wirklich neu in einer Siedlung, in der es über mehr als 30 Jahre fast nur kleine Dreizimmerwohnungen gab, die vom Städtischen Wohnungsamt nach Dringlichkeit belegt wurden. Nebenbei grenzen diese Querriegel zum ersten Mal im Hasenbergl so etwas wie einen Straßenraum und halböffentliche Höfe ab. Die so entstandenen Wohnhöfe werden als Raum-

Der Platz an der Aschenbrennerstraße wurde zusammen mit damals arbeitslosen Jugendlichen aus dem Viertel, die sich so für Bauberufe qualifizierten, realisiert. Die Fassadensteine am Gebäude des neuen Einkaufs- und Servicezentrums und die Bodenplatten, die die Fabel vom Hasen und vom Igel ausbuchstabieren, wurden im Rahmen der Bauhütte Hasenbergl entworfen und hergestellt.

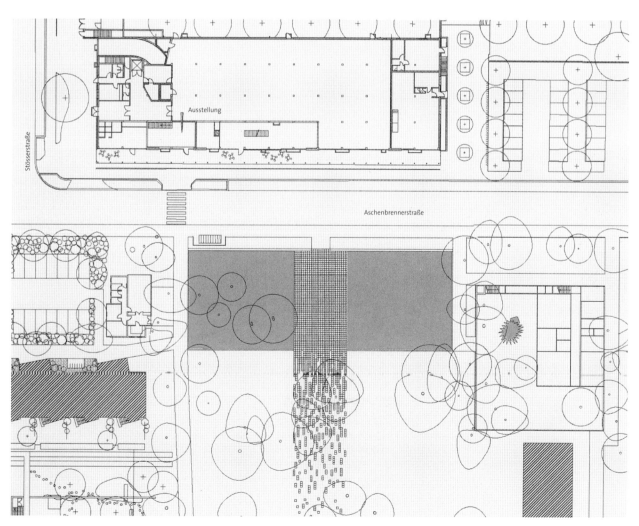

Lageplan

Die Bauhütte Hasenbergl, eine Arbeitsgemeinschaft von Architekt, Künstler und Jugendlichen, produzierte ihre Schmucksteine in einem umsetzbaren Zelt am Aschenbrennerplatz. Der Herstellungsprozess konnte verfolgt werden. Die Platten wurden zum sichtbaren Zeichen der eigenen Arbeit und trugen damit zur Identifikation der Bewohner mit ihrem Viertel bei.

folge durch Farben inszeniert, die an Andy Warhols Ostereier erinnern, frisch und bekömmlich.

Das Hasenbergl ist keine gewachsene, sondern eine von Anfang an geplante Siedlung, angelegt als monostrukturelle Wohnstadt für Sozialmieter am nördlichen Stadtrand. Es wurde von der Stadt ab 1959 auf einem ehemaligen Exerzierfeld entwickelt, um der in München anhaltenden Wohnungsnot Herr zu werden. Das Gelände wurde an fünf gemeinnützige Wohnungsbaugesellschaften, unter anderem an die Südhausbau, übertragen. Auf einer Fläche von etwa 90 Hektar entstanden in nur drei Jahren 1.550 öffentlich geförderte Wohnungen, weitab von der Stadt, aber nach Maximen geplant, die nach der Blut-und-Boden-Architektur wieder an die Tradition der Moderne anschlossen.

Schon die Trennung von »Wohnen«, wie es damals hieß, und »Arbeiten« war ein Erbe der Charta von Athen. Die Planer, unter der Federführung von Hellmut von Werz auch Ernst Maria Lang, Johann Christoph Ottow und Fritz Vocke, wollten zudem »Licht, Luft und Sonne« für alle Wohnungen. Nach den Bauhaus-Lehren entwarfen sie deshalb auch keine Höfe, da die Eckwohnungen da notgedrungen dunkler sind, sondern Zeilen, Punkthäuser und Scheiben. Die

Aus einer Grünfläche wurde ein urbanes Raumelement: mit dem Platz an der Aschenbrennerstraße ist ein Bereich für bisher kaum mögliche Nutzungen entstanden, zum Beispiel für Wochenmärkte, Quartiersfeste oder kulturelle Veranstaltungen. Der Platz liegt wie eine Bühne vor der grünen Kulisse des bestehenden Wäldchens.

Gebäude wurden in einem durchgehenden Grünbereich situiert, in ein Raumkontinuum, nach Dachform und Fassadendetails ähnlich, aber in ihrer Höhe differenziert. Ein bestehendes Kiefernwäldchen bildete das grüne Rückgrat der Siedlung mit einem Hauptfußweg als sicherem Schulweg. Die ringförmige Straße dagegen umfuhr diesen inneren Bereich und wurde so auch um die kleine Erhebung des »Hasenbergls« geführt, um einen etwa fünf Meter hohen Lehmhügel, auf dem drei 15-geschossige Punkthäuser als »städtebauliche Dominante« platziert wurden. Im Norden wurde die Siedlung damals durch ein Scheibenhaus (Architekt: Alexander von Branca) abgeschlossen, das jetzt den Hintergrund der Markthalle I bildet. Eine der beiden neuen Kirchen, St. Nikolaus (Architekt: Hansjakob Lill), wurde als erste Münchner Kirche als Zentralraum mit einem wirklich mittigen Altar konzipiert.

Doch wie es mit Plänen gehen kann, die gar nicht schlecht waren: die Ideen der Moderne gingen wohl an den Bewohnern vorbei. Man klagte über den weiten Weg in die Stadt, den Mangel an Freizeiteinrichtungen, die Gleichförmigkeit des Wohnumfelds. Die Flächen zwischen den Gebäuden und Garagenhöfen wurden als ungeliebte und nutzlose Abstandsflächen erlebt. Das Hasenbergl wurde zu einem Ghetto sozial Schwacher, das jeder, der noch Hoffnung auf eine sozialen Aufstieg hatte, so bald wie möglich verlassen wollte; der freundliche Name bekam einen üblen Klang. Die Bevölkerung nahm von 1961 bis 1996 von 18.000 auf 13.000 Bewohner ab, vor allem ihr Anteil an Kindern und Jugendlichen. Die Schulen im Hasenbergl waren von der Schließung bedroht. Der Anteil von Ausländern und von über 60-Jährigen nahm zu.

Bei den Europawahlen 1989 ging ein hoher Stimmanteil der Hasenbergler an die Republikaner. Doch da gab es schon erste Untersuchungen zum Weiterbau: die Sanierung der Siedlung wurde in den frühen 90er Jahren beschlossen. 1993 wurde eine U-Bahn ins Hasenbergl eröffnet. Pläne für einen Nordpark zwischen Panzerwiese und Schleißheimer Schloss stehen noch im Raum. Das Hasenbergl selbst soll, um nicht noch mehr Landschaft zu verbauen, mit etwa 900 Wohnungen verdichtet werden und eine entsprechende Infrastruktur erhalten – mehr Einkaufsmöglichkeiten, Dienstleistungs- und Servicebetriebe, ein Fitnesszentrum und Werkstätten. Der bisher homogene Wohnungsschlüssel soll durch neue Wohnungstypen und durch neue Belegarten ergänzt werden. Das neue städtebauliche Konzept, die Umplanungen und Neubauten, werden durch staatliche Wohnungs- und Städtebauförderungsmittel unterstützt. Nach dem neuen Förderprogramm »Soziale Stadt« können diese Gelder auch an Unternehmungen wie zum Beispiel die Initiative »Junge Arbeit« ausgereicht werden, die nur mittelbar mit dem Bauen zu tun haben, die aber die Erneuerung des Viertels initiieren.

Das wichtigste Ziel im Hasenbergl ist wohl, dass sich die Bewohner mit ihrem Viertel identifizieren können. Gegen die baulichen Verdichtungen gab es anfangs heftigen Widerstand. In kontroversen Diskussionen haben die Planer gelernt, Bestehendes zu achten und die Bewohner, die Chancen des Neuen zu ergreifen. Im Kunstbüro in der Markthalle I werden die im Viertel geplanten Projekte ausgestellt. Auch die Bauhütte Hasenbergl, die 1997 gemeinsam mit der Jungen Arbeit gegründet wurde, wurde mit der Absicht ins Leben gerufen, auch junge Bewohner an die Siedlung zu binden. An der Schleißheimer Straße soll ein Gesamtbetrieb Junge Arbeit mit ca. 120 Arbeits- und Qualifizierungsplätzen gebaut werden. »Made in Hasenbergl« soll ein Hasen-Label werden mit Erfolgsgeschichte. Die Geschichte vom Hasen und vom Igel dagegen ist nur ein Märchen.

Dorothea Parker

Neue Kopfbauten bilden zusammen mit bestehenden Wohnzeilen fünf neue Wohnhöfe, die das ursprüngliche räumliche System deutlich abwandeln. Vor den Wohngebäuden entstehen Aufenthaltsflächen mit halb privatem Charakter, die sich zum gemeinsamen öffentlichen Grünraum öffnen.

Ein Arzt bewegt die Baukultur
Zum 100. Todestag Max von Pettenkofers

Max von Pettenkofer

Lisa Diedrich, geboren 1965, arbeitet als Assistentin des Münchner Baureferenten und als Architekturjournalistin. Noch spannender als Häuser findet sie die Landschaften davor und darunter.

Etwas mehr als 100 Jahre ist es her, da ließen die Münchner Architekten und Ingenieure den Arzt und Apotheker Max von Pettenkofer kalt abblitzen. Der machte sich nämlich seit den Cholera-Epidemien Mitte des Jahrhunderts stark für hygienische Verhältnisse in der damals zum Himmel stinkenden Stadt München und forderte unter anderem den Bau unterirdischer, wassergespülter Kanäle. Exkremente und Abwasser sollten nicht mehr auf Straßen, in Höfe und Gruben gekippt, sondern schnell und ohne Ansteckungsgefahr aus der Stadt befördert werden. Den Baumeistern, stolzen Erbauern von Opern, Adelspalästen, Bahnhöfen und Brücken, muss die Beschäftigung mit solchen Unappetitlichkeiten aber weit unter ihrer Würde vorgekommen sein. In einem Gutachten aus dem Jahre 1876 riet der Münchner Architekten- und Ingenieurverein deshalb vehement vom Bau der Kanäle ab – die könne man doch gar nicht dicht kriegen, da würde was durchsickern –, und empfahl, das Gröbste in Tonnen zu werfen und ein Fuhrunternehmen mit dem Abtransport zu beauftragen. Im Klartext: Die Baumeister wollten sich die Anliegen des Arztes mit spitzen Fingern vom Leibe halten.

Zu seinem 100. Todestag kehrt Pettenkofer in die Welt der Architektur zurück. Er findet seinen Platz gar in einem Jahrbuch neben den Ästheten. Wie kommt das? Selbst heute haben Ärzte und Architekten kaum miteinander zu tun. In Einzelfällen lassen sich die Ersten von Letzteren eine Villa in Grünwald bauen. Der Gesellschaft bedeutet das wenig. Kaum mehr als ein Jahrhundert ist es jedoch her, da gaben Ärzte den Anstoß zu einer Revolution im Berufsbild der Baumeister und schufen die Grundlagen für einen Sinneswandel, der mit dem Selbstverständnis der Architekten als elitäre Künstler aufräumte und sie mitten in eine Gesellschaft schubste, die sie als Erfinder mit sozialer Verantwortung brauchte. Ärzte gehörten zu den Ersten, die im 19. Jahrhundert das Elend in den Arbeiterslums von London und Manchester anprangerten und fehlende Hygiene als Quelle der damals grassierenden Typhus- und Cholera-Epidemien ausmachten. Sie führten den Fabrikherren und Großbürgern vor Augen, dass solche Seuchen letztlich nicht nur den Personalstand der Fabriken gefährdeten, sondern auch die Gesundheit und das Leben in den besseren Vierteln. Ärzte schoben auf diese Weise die Sanierung der Städte an, den Bau von Arbeiterwohnungen, das Reinigen und Beleuchten der Straßen, den Bau einer Frischwasserversorgung und einer Abwasserbeseitigung. Ärzte standen am Anfang der Stadtplanung, die wir heute als

Wassergespülte Kanäle forderte Pettenkofer Mitte des 19. Jahrhunderts, um Abwasser und Fäkalien ohne Ansteckungsgefahr aus der Stadt zu schaffen. 1862 begann der Bau, und seitdem entsteht im Untergrund von München eine ganz eigene Architektur: Die Mauerwerkskanäle wie unter der Ungererstraße (gegenüber und rechts) stammen aus der Zeit der Jahrhundertwende, das Regenrückhaltebecken am Hirschgarten wurde von 1992 bis 1994 gebaut.

Schon um 1930 fand ein Kanalarbeiter es wert, sein Arbeitsumfeld in Öl zu malen.

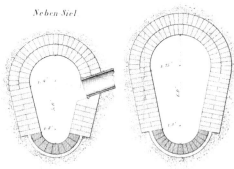

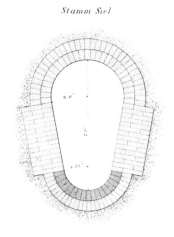

selbstverständlich erachten: mit sauberen und sicheren Vierteln für alle statt nur für die oberen Zehntausend. Aus dieser neuen Vision der Stadt erwuchsen den Architekten und Ingenieuren neue Bauaufgaben. Sie sind sich seitdem nicht mehr zu fein, neben Luxusvillen auch Volkswohnungen zu bauen, oder statt eines Eiffelturms Abwasserkanäle. Zum Glück, sonst wären sie wohl längst ausgestorben.

So sehr sich die Bau-Ästheten heute für die eindrucksvollen Becken und Röhren der Münchner Unterwelt begeistern, so wenig verbinden sie wohl mit dem Namen Pettenkofer. Dabei ist er eine überaus facettenreiche Figur. 1818 in ärmlichen Verhältnissen auf einem Einödhof im Donaumoos geboren, hat er seinem Onkel Schulausbildung und Studium zu verdanken. Franz Xaver Pettenkofer, damals Leiter der königlichen Hof- und Leibapotheke, holte den begabten Zehnjährigen zu sich nach München. Max trat in die Fußstapfen des Onkels und studierte Chemie, Mineralogie, Medizin und Pharmazeutik, den Doktortitel erwarb er sich mit Forschungen über eine mexikanische Heilpflanze, die gegen Cholera wirkte. Ein Fachidiot wurde jedoch nie aus ihm – neben seinen medizinischen Forschungen erfand er für die Königliche Münze ein Recycling-Verfahren für alte Taler, mithilfe dessen sich Gold von Silber und Platin trennen ließ; er entdeckte ein Leuchtgas, das aus Holz gewonnen werden konnte und bald den Münchner Hauptbahnhof erhellte; er entwickelte im Auftrag der Alten Pinakothek und des Schlosses Schleißheim eine Methode zum Restaurieren alter Ölgemälde. Sein Leben aber verschrieb Pettenkofer dem Kampf gegen die hygienischen Missstände, die er als Ursache für die Cholera- und Typhusplage erkannte. Um den Städtern gesundes Wasser zu verschaffen, eröffnete er 1867 das erste Brunnhaus Münchens in Thalkirchen – zunächst versorgt mit frischem Hang- und Talwasser, ab 1874 dann mit Wasser aus dem Mangfalltal. Auf Pettenkofers Drängen hin löste 1878 ein Zentralschlachthof die vielen unhygienischen Schlachtplätze in den Hinterhöfen der Stadt ab. Und schließlich gelang es ihm nach dreißigjähriger Überzeugungsarbeit, die Stadtväter zum Bau unterirdischer Kanäle zu bewegen, um die ungesunden Senkgruben aus der Stadt zu verbannen. 1890 verabschiedete der Münchner Magistrat ein Gesetz, das den Bürgern nach englischem Vorbild endlich auch das Einleiten von Fäkalien ins Kanalnetz erlaubte.

Bis zu dieser Einsicht war es ein langer Weg. Als 1854 Königin Therese, die Gattin Ludwig I. von Bayern, an Cholera starb, ging den Regierenden auf, dass wirklich für jeden, ob arm oder reich, »auf mangelnde Hygiene die Todesstrafe« stand, wie Pettenkofer zu sagen pflegte. 1855 beauftragte die Regierung von Oberbayern die Stadt München, Pläne für ein Kanalsystem auszuarbeiten. Unter dem Stadtbaurat Arnold Zenetti entstanden daraufhin ab 1862 die so genannten Sielkanäle in der Schönfeld-, Max- und Ludwigvorstadt. Ihr Problem: Sie führten zu wenig Wasser. Die Anlieger hätten nur Waschwasser, Küchen- und Regenwasser ein-

Die so genannten Sielkanäle (im Schnitt) waren die ersten Münchner Kanäle. Da sie nur wenig Wasser führten, durften keine Fäkalien eingeleitet werden. Die Stadt stank weiterhin aus ihren Aborten, die Cholera wütete erneut. Alle folgenden Projekte sahen deshalb ausreichende Spülung vor. Der 1997 fertiggestellte erste Abschnitt des Münchner Nordwest-Sammlers (links) besitzt gar eine solche Wassertiefe, dass er per Schlauchboot gewartet werden muss.

leiten dürfen, doch sie leerten nachts heimlich den Inhalt ihrer Aborte hinein – und das meiste davon lagerte sich ab. Also stank es wieder einmal zum Himmel in München. Als 1873 erneut die Cholera ausbrach, unternahm die Stadt einen weiteren Anlauf. Sie beauftragte den englischen Ingenieur John Gordon, ein Kanalsystem für München zu entwerfen. Die Briten waren den Kontinentaleuropäern weit voraus in der Stadtentwässerung, bei ihnen war bereits seit 1810 das Spülklosett eingeführt, und Städte wie London verfügten über eine ausgedehnte Schwemmkanalisation. Das »allgemeine Project für die Canalisation der Stadt München« gab Gordon 1876 ab, doch Prüfung und Nachbesserungen dauerten noch bis 1880, und der erste Bauabschnitt begann 1881. Ende 1885 waren 26 Kilometer Kanäle vollendet. Sie bestanden aus Backsteinmauerwerk, das zum Teil mit Stampfbeton hinterfüllt wurde. Die Kanalsohlen waren mit Hartbrandklinker ausgekleidet oder besaßen Sohlstücke aus Steinzeug. Mörtel und Beton beinhalteten einen neuen, hochwertigen Zement, dessen Rezeptur Pettenkofer auf Anfrage von Ludwig von Klenze entwickelte. Die Rohrleitungen schließlich bestanden aus Steinzeugrohren – da sickerte nichts mehr durch.

Zur Jahrhundertwende gab es in München 225 Kilometer Kanäle. 78 Prozent der damals 480 000 Einwohner waren ans Kanalnetz angeschlossen. Die Sterblichkeit sank enorm – 1910 betrug sie 15,6 Personen auf 1000 Einwohner, 1870 waren es noch 41,7 Personen. Diese Zahlen bewiesen, dass Pettenkofer Recht gehabt hatte, die teure Infrastruktur zu fordern. Die Stadt München ernannte ihn voller Dank 1872 zu ihrem Ehrenbürger, das Königshaus verlieh ihm 1883 den erblichen Adel. 1889 wurde er zum Präsidenten der Bayerischen Akademie der Wissenschaften berufen, 1893 erhielt er die Goldene Bürgermedaille der Stadt. Damals schon zog sein Hygiene-Institut Wissenschaftler aus aller Welt an, heute studieren und forschen am Max-von-Pettenkofer-Institut für Hygiene und medizinische Mikrobiologie der Ludwig-Maximilians-Universität vor allem Bakteriologen und Virologen. Als sich Pettenkofer 1894 zur Ruhe setzte, blühte die Wissenschaft weiter, er selbst jedoch erlitt ein trauriges Ende. Seine Frau, eine Tochter und zwei Söhne starben vor ihm, ein Bruder kam in geistiger Umnachtung in ein Heim. Deutliche Zeichen der Demenz bei sich selbst konnte Pettenkofer nicht ertragen – er verschaffte sich einen Revolver und beging am 10. Februar 1901 Selbstmord.

Eine Büste auf dem Münchner Maximiliansplatz erinnert seit 1909 an den Hygieniker. Sie steht nicht weit enfernt vom Wittelsbacher-Brunnen, der wiederum ein Symbol ist für die Frischwasserversorgung aus dem Mangfalltal. Nicht so leicht lassen sich die unterirdischen Monumente der Arbeit Pettenkofers erleben – immerhin aber öffnen die schön geschwungenen Kanäle und die Kathedralen ähnlichen Regenrückhaltebecken hin und wieder ihre Einstiegsschächte zu Führungen und zu Tagen der offenen Tür. Zudem wird gerade nach Pariser Vorbild ein Kanalmuseum geplant. Tatsächlich leiteten im Jahre 2000 99,7 Prozent aller Münchner Haushalte und Betriebe ihr Abwasser ins Kanalnetz. Zwei Großklärwerke und mehrere Regenrückhaltebecken tragen heute zum Gewässerschutz bei. Und schließlich spülen, prüfen und reparieren 200 Kanalarbeiter der Stadtentwässerungswerke die mittlerweile 2330 Kilometer umfassende Münchner Kanalisation, die Architektur gewordene Vision eines Arztes unter dem Pflaster der Stadt.

Lisa Diedrich

Kaum jemand weiß, dass sich unter den viel gerühmten Olympia-Bauten Münchens ein Baudenkmal ganz anderer Art verbirgt: das Regenrückhaltebecken unter dem Oberwiesenfeld wurde Anfang der 70er Jahre gebaut und fasst 80.000 Kubikmeter Wasser. Es senkt die Überschwemmungsgefahr in den benachbarten Vierteln und dient dem Gewässerschutz, denn nach starkem Regen läuft das Wasser von dort aus so dosiert in die Klärwerke ab, dass alles gereinigt werden kann.

Bibliographie:
Landeshauptstadt München:
Im Untergrund von München.
Die Kanaler einer Großstadt erzählen.
Erhältlich bei den Stadtentwässerungswerken im Baureferat der Landeshauptstadt München
Friedenstraße 40
81660 München

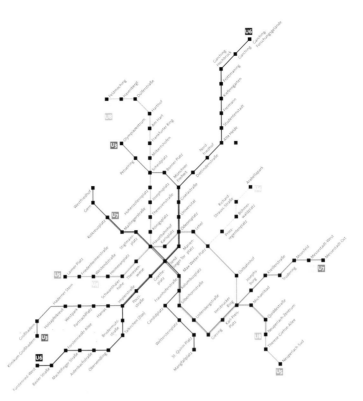

Licht am Ende des Tunnels
Warum man in München hinabsteigen muss, um oben anzukommen

U-Bahnhof
Marienplatz 1971
Architekt:
Alexander Freiherr
von Branca

Gerhard Matzig ist Redakteur am Feuilleton der »Süddeutschen Zeitung«. Seine Lieblings-U-Bahn-Station ist der Marienplatz.

Wer sich mit dem Münchner Untergrund beschäftigt, der bekommt es einerseits mit einem gewissen Friedrich N. zu tun und andererseits mit einem gewissen Erich L. Wobei Ersterer ein ziemlich bekannter Philosoph war, der sich mit allerlei Abgründen beschäftigt hat (doch davon später) – und Letzterer ist ein gleichfalls ziemlich bekannter Mitarbeiter der U-Bahn-Leitstelle am Münchner Marienplatz. Und eigentlich ist auch der Erich L. ein richtiger Philosoph.

Von einem der 1.800 Plakate, die sich einer so genannten Imagekampagne der Städtischen Verkehrsbetriebe verdanken, aufgehängt in Bus, Tram und U-Bahn, lächelt der U-Bahn-Mann herab – und sagt den Münchnern imagekampagnenhaft: »Am Wochenende zieht es mich mit meiner Familie hoch hinauf auf unsere Berghütte. Ob oben oder unten: Ich bin überall gern.« Ob oben oder unten – also, das muss man sich mal vorstellen: Wie der Erich L. am Sonntag, spät am Nachmittag, irgendwo dort oben in den Bergen sitzt und sich den sehnsuchtsvollen Himmel aus der Nähe betrachtet, der frisch gewaschen und gebügelt aussieht; und wie er dann seine Tasche packt und mit dem langen Abstieg beginnt, der erst am Montag Morgen tief unter dem Marienplatz an der U-Bahn-Leitstelle endet. Inmitten der ewigen Finsternis, inmitten niedriger Kriechgänge, ausgekleidet mit popbunten Keramikfliesen, bevölkert von unausgeschlafen aussehenden Angestellten-Existenzen, die von traurigen Neonröhren in ein fahles Licht getaucht werden. Und dann sagt der Mann aus den Bergen, dass es hier unten doch auch sehr schön sei. Und wie erhebend man sich das folglich vorstellen müsse: so weit runter zu kommen.

Es ist natürlich die Frage, ob die Imagekampagne überhaupt weiß, was sie da genau behauptet. Doch andererseits: Vielleicht ist es ja durchaus erhellend, sich die Dunkelheit des Münchner Untergrundes einmal vorzustellen als ein überirdisches Versprechen. Als eine Art Alternativ-Schattenriss von der Welt dort oben, als merkwürdige Hohlwelt-Utopie, deren Grundrisse auch deshalb hier unten versteckt werden, weil die Stadt München ihren eigenen Architektur-Visionen nicht traut. Man muss sich also in den Untergrund begeben, muss sich von Rolltreppen und Fahrstühlen hinabschaufeln lassen und ein Ticket lösen, wenn man etwas mitbekommen möchte von Münchner Farb-Experimenten, von technisch-konstruktiven Sensationen und einem räumlich-inszenatorischen Gestaltwillen, von einem spektakulär suggestiven Umgang mit dem Licht und einer großen Material-Lust. »Es gibt Gegenden Münchens«, schreibt Chris-

U-Bahnhof Ostbahnhof 1988
Architekten:
Obermeyer Planen + Beraten

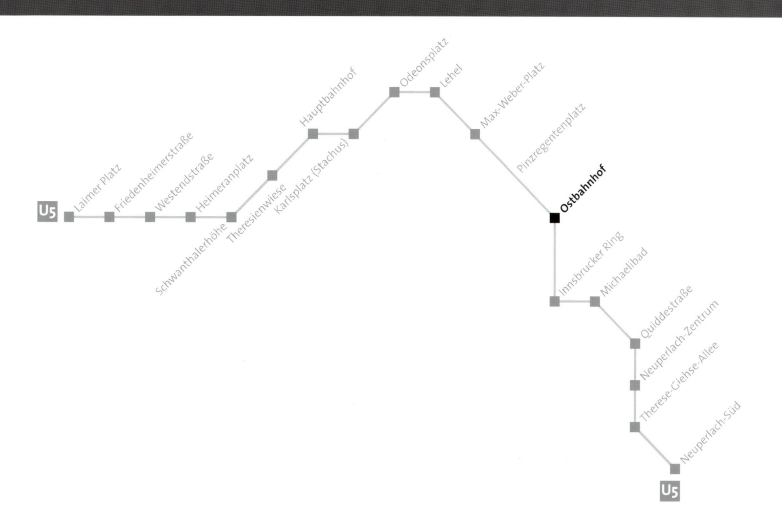

145

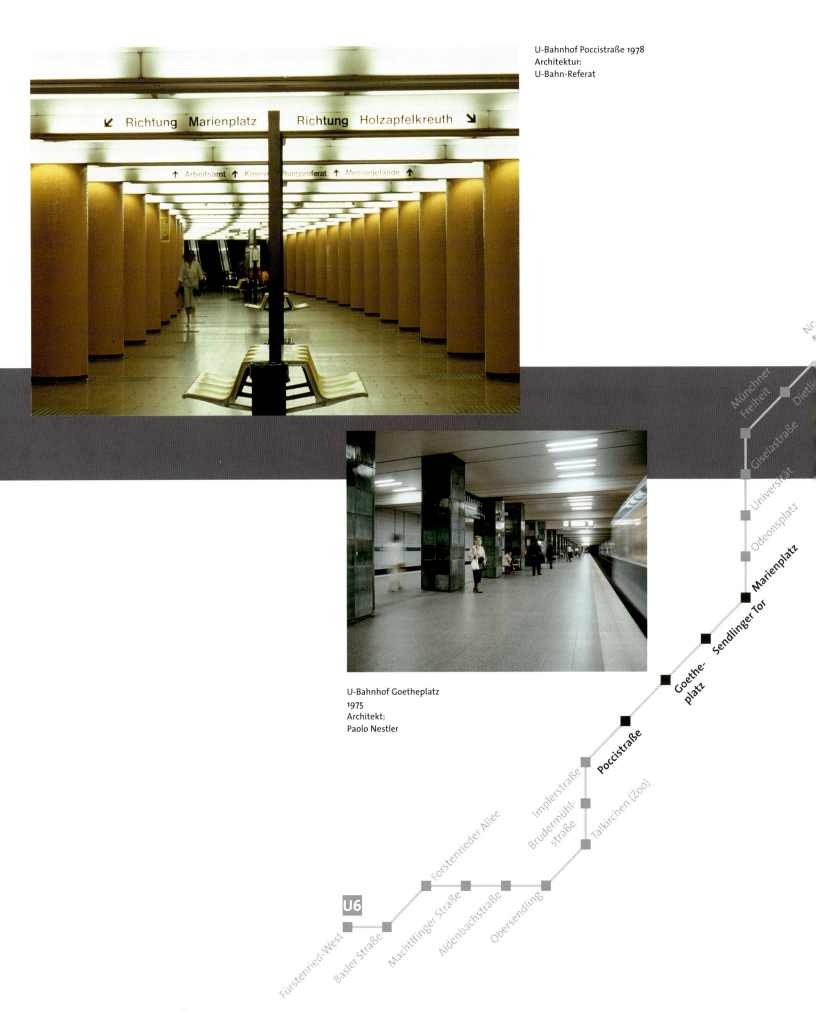

U-Bahnhof Poccistraße 1978
Architektur:
U-Bahn-Referat

U-Bahnhof Goetheplatz
1975
Architekt:
Paolo Nestler

U-Bahnhof
Marienplatz 1971
Architekt:
Alexander Freiherr
von Branca

U-Bahnhof Sendlinger Tor
1980
Architektur:
U-Bahn-Referat

toph Hackelsberger in seinem maßgeblichen Buch über die U-Bahn-Architektur in München, »die ich eigentlich nur als U-Bahn-Stationen kennen möchte, da nur dort architektonisch Ansehnliches zu finden ist.« Das kann man nicht besser sagen.

Die Münchner U-Bahn ist also einerseits eine heimliche Leistungsschau der Architektur-Möglichkeiten, 92,7 Kilometer lang (und eigentlich gar nicht heimlich – denn immerhin werden täglich etwa 900.000 Fahrgäste durch die Kavernen der Stadt geschleust), und andererseits ist die U-Bahn so etwas wie eine unheimliche Zeitmaschine, eine Art Architektur gewordener Timetunnel, ein Untergrund-Museum der Moden und Gestaltvorstellungen, ein Archiv der Architektursprachen, welches man wie im Zeitbeschleuniger erleben kann. Wobei einem die Fahrt mit der U-Bahn nicht nur 36 Jahre Architekturgeschichte der Stadt München vermittelt – sondern in 92 verschiedenen Stationen scheinen auch die Geschichten der Zeit selbst auf.

Es ist das Jahr 1965. In diesem Jahr beginnt man in München mit dem U-Bahn-Bau – während über der Erde überall sonst »Marmor, Stein und Eisen bricht« zu hören ist; tief hinein ins Schwarz der Erde wühlen sich die Münchner – und oben singt gerade irgendwo Roy Black »Ganz in Weiß«;

U-Bahnhof
Westfriedhof 1998
Architekten:
Auer + Weber

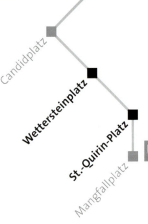

1966 wird der Minirock erfunden, Benno Ohnesorg erschossen und die Soldaten dürfen Haarnetze tragen; die ersten Intercity-Züge der Bahn aber sehen nicht so aus, als ob sie nur Städte miteinander verbinden sollten – sondern so, als ob sie Deutschland mindestens mit der Zukunft versöhnen wollten. Im Jahr 1971 schließlich pflügt die erste Münchner U-Bahn durch die Erde. Und es ist seltsam: Wenn man sich heutzutage beispielsweise die orange-blaue Nautilus-Welt unter dem Marienplatz (Architekt: Alexander von Branca) aus der fahrenden U-Bahn betrachtet, wenn man dieses farbige, sinnliche Fest der Technik vorbeirasen sieht und die Spiegelungen und Schemen, dann transportieren die Bilder immer noch etwas von den Träumen jener Zeit, etwas von der dunklen Enge röhrenhafter Cordhosenbeine – und zugleich etwas von der sehnsuchtsvollen Weite der Apollo-Mission.

Dabei ist die vielschichtig expressive Marienplatz-Station die Ausnahme von jener Regel, welche entlang von U3 und U6 zunächst und vor allem monoton funktionalistische Schachtel-Höhlen hervorgebracht hat: das Bauhaus-Erbe aus dem Keller-Verschlag. Während nämlich in den Metropolen uralte Metro-Stationen oder »Mind the gap«-Tubes (1863 fuhr die erste U-Bahn der Welt in London von Paddington über King's Cross nach Farrington und in Paris wurde die erste Linie am 19. Juli 1900 eröffnet), während sich also anderswo der jahrzehntealte Geruch von erhitzten Gummireifen, der irgendwo in der Geschichte verhallende Warnton und das Geducktsein in schön-schaurigen Kriechgängen zum Mythos verdichtete, zu einer Projektionsfläche urbaner Sehnsüchte – schien man in München auf möglichst ökonomische Art nur so hässliche Begriffe wie »Schalterhalle« oder »Sperrengeschoss« architektonisch umhüllen zu wollen.

Deshalb sieht es im Zentral-Keller Münchens noch immer so aus, als sei die Stadt zu Beginn der 70er Jahre auf einem gigantischen Restposten von Eternitplatten mit abgerundeten Ecken sitzen geblieben. Und in den 80er Jahren kam die Postmoderne über die U-Bahnsteige, in Form von Citylight-Poster-Kästen, in Form von kleinen goldenen Würfeln, Kugeln und merkwürdigen Schiffchen als Abdeckung darüber.

Dass sich damals außerdem der Ehrgeiz leitender Angestellter durch die Sakko-Farbe »Minz-Grün« outete, muss die U-Bahn-Bauer zusätzlich auf ein paar schlimme Ideen gebracht haben. Es war jedenfalls schon ein Trost, als man – noch etwas später – entdeckte, dass U-Bahnhöfe auch aussehen können wie die zu Tode marmorierten Schalterhal-

U-Bahnhof
St.-Quirin-Platz 1997
Architekten:
Hermann + Öttl

U-Bahnhof Gern 1998
Architekten:
Claus und Forster

U-Bahnhof
Wettersteinplatz 1997
Architekten:
Raupach und Schurk

149

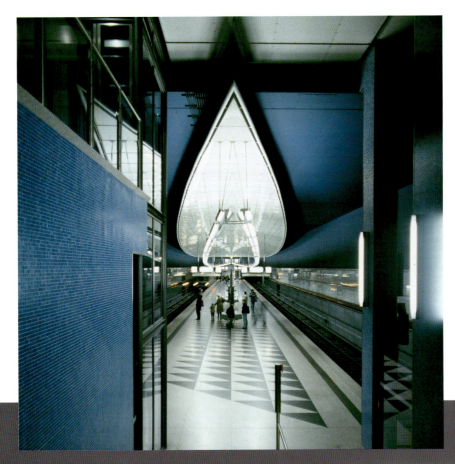

U-Bahnhof
Hasenbergl 1996
Architekten:
Braun, Hesselberger
& Partner

U-Bahnhof
Harthof 1993
Architekten:
Obermeyer Planen + Beraten

U-Bahnhof
Dülferstraße 1993
Architekten:
Peter Lanz
mit Jürgen Rauch

len von gravitätisch sein wollenden Provinz-Sparkassen.

Merkwürdig: Je schneller man sich schließlich durch die U-Bahn-Zeitmaschinen-Spirale schraubt, je weiter man sich auch hinausbegibt zu jenen Suburbia-Rändern, die eigentlich so aussehen, als würde man dahinter unweigerlich von der Erdscheibe fallen müssen, desto kühner, variantenreicher, avantgardistischer gerät die Münchner U-Bahn-Architektur im Vergleich zur Baumarktwelt darüber.

Wobei sich diese Architektur gerade in den letzten Jahren zu erheben scheint, sie scheint aus- und aufbrechen zu wollen, sie drängt ans Licht. Da ist etwa das wundersam barocke Capriccio einer muschelförmig sich aufweitenden Glaskuppel am St.-Quirin-Platz zu bestaunen (Architekten: Hermann + Öttl). Oder man wundert sich über den trichterförmigen Einlass eines bizarren Sonnenuhrhofes der vorläufigen Endstation »Messestadt-Ost« (Gestaltung: Blasius Gerg): Golfloch mindestens für ein Turnier von Titanen. Oder es verblüfft jene Mimikry, welche am Wettersteinplatz (Architekten: Raupach und Schurk) aus einem harmlosen U-Bahn-Eingang das Tragwerk eines startbereiten Flugzeugs formt. So kommt ein ortloses Tempo in die U-Bahn-Architektur. Oder andersherum: Da kommt der Ort zur Ruhe, mit gro-

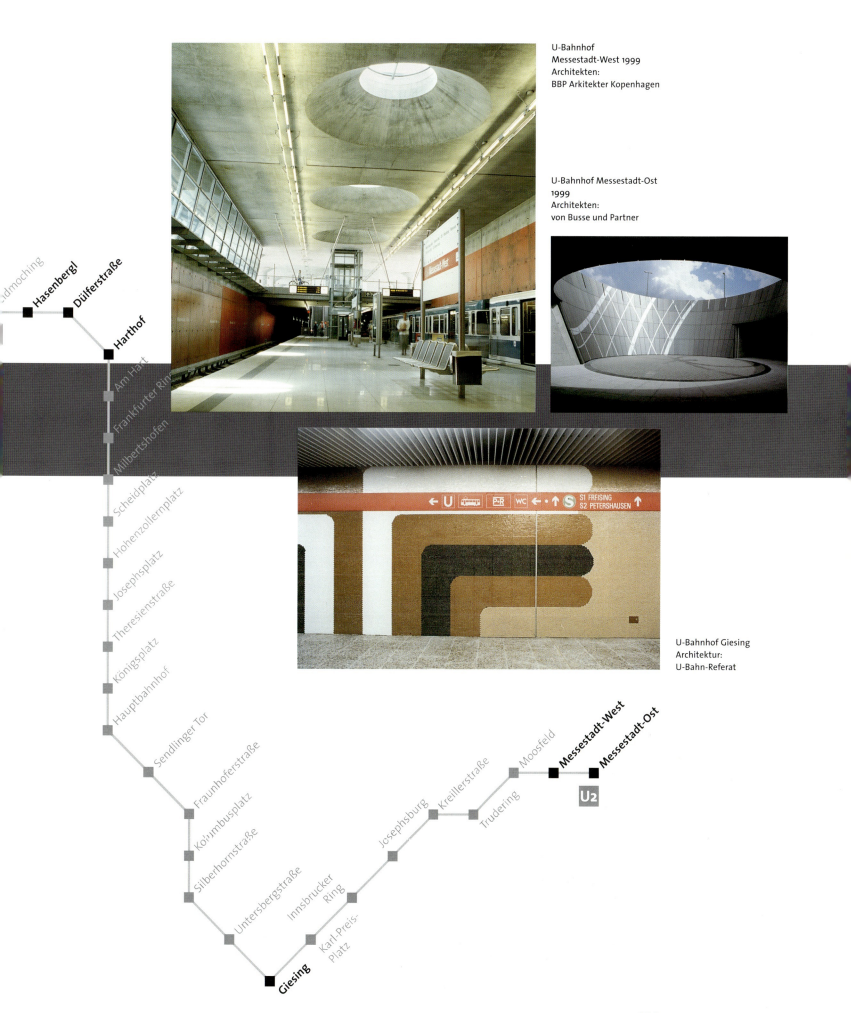

U-Bahnhof
Messestadt-West 1999
Architekten:
BBP Arkitekter Kopenhagen

U-Bahnhof Messestadt-Ost
1999
Architekten:
von Busse und Partner

U-Bahnhof Giesing
Architektur:
U-Bahn-Referat

U-Bahnhof
Messestadt-West 1999
Architekten:
BBP Arkitekter Kopenhagen

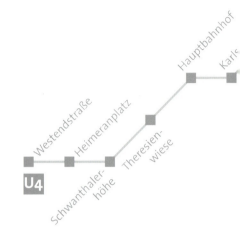

U-Bahnhof
Böhmerwaldplatz 1988
Architekt:
Schnetzler

ßem, zeichenhaftem Gestus – so, wie das beispielsweise am Klinikum Großhadern geschieht (Architekt: Paolo Nestler), wo zwei gewaltige und dabei sehr filigrane Stahl-Glas-Pyramiden die U-Bahn-Aufgänge markieren.

Pyramiden sind auch am Harthof zu sehen (Architektur: Obermeyer Planen + Beraten): Doch geht es hier nicht vorrangig um das Zeichen, sondern vor allem um das Licht. Mit Grandezza, ja, mit Pomp wird hier das Licht in den U-Bahn-Schacht geschaufelt. Und wo dies nicht zugunsten des Sonnenscheins geschieht – dort hat sich das U-Bahn-Kunstlicht fast schon zu einer eigenen Kunstgattung entwickelt. Beispielsweise am Westfriedhof (Architekten: Auer + Weber), wo die Lichtplanung vom Ingo-Maurer-Team stammt: Lichtdome, welche die eindrucksvolle Architektur des Raumes überlagern mit jener von Licht und Schatten. Hier, am Westfriedhof, lässt sich auch ganz gut studieren, was die Architekten erwartet, wenn sie immer so schwärmerisch von der »Rohbaugeometrie« im U-Bahn-Bau sprechen: Ärger, eine Menge Ärger. Denn die nackten Betonpfähle und Wände, der nackte Raum, die nackten, bloß liegenden Strukturen des Materials und der Konstruktion: All die »Rohbaugeometrie« also, all das ist dem Publikum meist viel zu wenig angezogen.

Es ist also schon ein wenig erstaunlich, dass es dennoch so viele schöne »Elefantenhaut«-U-Bahn-Stationen in München gibt. Noch ein paar weitere Jahre und ein paar weitere puristische U-Bahn-Architekturen – und die Münchner haben dem Satz »Less is more« ein hintergründig-untergründiges Denkmal gesetzt. Wobei das auch ganz anders geht. »Less is bore« – das müssen sich beispielsweise die Architekten vom Bahnhof Hasenbergl (Braun, Hesselberger & Partner) gesagt haben: Sie haben dem Bahnsteig ein spektakuläres, linsenförmiges Segel implantiert, ein raffiniertes Geflecht, gewoben aus Raum und Licht.

Fehlt eigentlich nur noch die Farbe. Und wirklich: Während die Einwohner Münchens an ihren Häusern gemeinhin alle Farbtöne zwischen Steingrau I und Mausgrau III mischen, um endlich das gewünschte Schiefergrau zu erhalten, scheint sich der Untergrund geradezu rauschhaft den Farbkaskaden hinzugeben. Am Wettersteinplatz hat etwa der Maler Alfons Lachauer eine komplette Bahnsteigwand in pulsierendes Rot getaucht – und die gegenüberliegende in kühles Komplementär-Grün. »Passagiere im roten Bereich«, hat ein Kritiker in der »Süddeutschen Zeitung« berichtet, »sehen eindeutig gesünder aus als die am grünblauen Ende der Station.« Aber vor dieser Architektur gewordenen Sehstörung muss trotzdem niemand Angst haben.

Es mag zwar sein, dass der Abgrund (wie Nietzsche sagt) irgendwann einmal – wenn man nur lange genug hineinschaut – auch zurückschaut in die Seele des Betrachters; aber das kann der Stadt München, sofern es um die U-Bahn-Architektur geht, eigentlich nur gut tun.

Gerhard Matzig

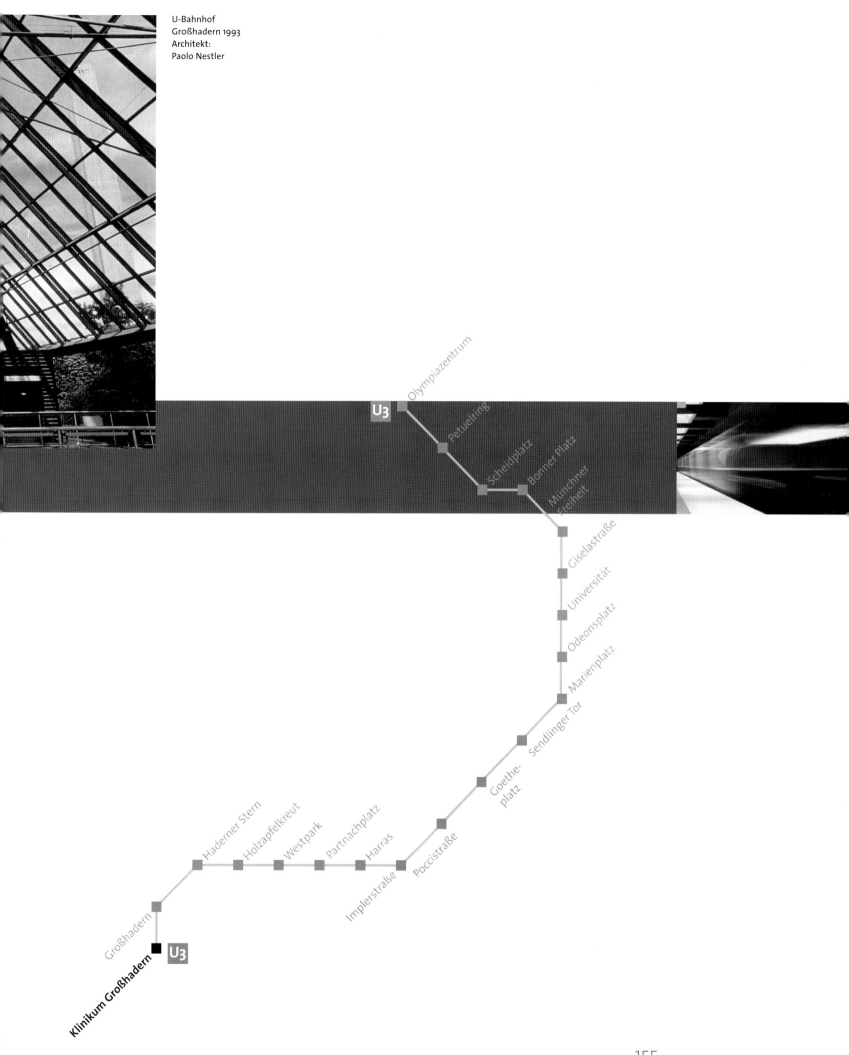

U-Bahnhof
Großhadern 1993
Architekt:
Paolo Nestler

Anhang
Verzeichnis der Architekten und Landschaftsarchitekten

Architekten:

Auer + Weber + Partner
Haußmannstraße 103 a
70188 Stuttgart
Mitarbeit Kronen-Carré
Stuttgart:
Siegfried Irion, Sabine Heine,
Tilman Heuter, Christian Bade,
Susan Götz, Jürgen Weigl,
Thorsten Heßdörfer

Bearth & Deplazes
Wiesentalstraße 7
CH–7000 Chur
Mitarbeit Städtische Galerie
Marktoberdorf:
Bettina Werner

Behnisch, Behnisch & Partner
Günter Behnisch, Stefan Behnisch, Günther Schaller
Gorch-Fock-Straße 30
70619 Stuttgart
Mitarbeit Buchheim-Museum
Bernried:
Roland Stölzle, Roland Zimmermann, Hagen Ruff

Titus Bernhard
Bahnstraße 18
86199 Augsburg
Mitarbeit Wohnanlage
Sanderstraße:
Robert Bernhard, Martin Felber
Mitarbeit Haus Reinecke
Leitershofen:
Stefan Krippl

Diezinger & Kramer
Römerstraße 23
85072 Eichstätt

Fischer Architekten
Erhard und Florian Fischer
Agnesstraße 12
80798 München
Mitarbeit Alf Lechner Museum
Ingolstadt:
Sieglinde Neyer, Ralf Emmerling

**Guggenbichler + Netzer
Architekten GmbH**
Hans-Preißinger-Straße 8
81379 München
Mitarbeit Sanierung Südbad
München:
Beate Müller-Meisinger

Der Hausladen Architekten
Katja Klingholz, Johannes
Niedermaier, Tobias Fürst
Baldestraße 19
80469 München

Herzog & de Meuron
Jacques Herzog, Pierre de Meuron
Rheinschanze 6
CH–4056 Basel
Planungspartner Bürogebäude
München:
Jürke Architekten, München
Joachim Jürke, Peter Glöckner
Mitarbeit: Robert Hösl, Dietrich
Lohmann, Florian Schmidhuber,
Béla Berec, Massimo Corradi,
Lukas Kupfer, Sacha Marchal,
Koshi Omi

Herzog + Partner
Thomas Herzog,
Hanns Jörg Schrade
Imhofstraße 3a
80805 München
Mitarbeit Wohnanlage Linz:
George Frazzica, Susanne Nobis,
Hanja Schmidt

Peter Heilmaier
Horemansstraße 26b
80636 München

Kehrbaum Architekten
Schmiedberg 6
86152 Augsburg

Peter Kemper
Dr.-Duisberg-Straße 11
94152 Vornbach

Lauber Architekten
Ulrike Lauber, Gerhard Hagemann, Manfred Walter,
Peter Zottmann
Sandstraße 33
80335 München
Mitarbeit Kunden-Service-
Center Nürnberg:
Katrin Ehrhardt, Kai Liedtke

**Andreas Meck
und Stephan Köppel**
Kellerstraße 39
81667 München
Mitarbeit Friedhof und Aussegnungshalle München-Riem:
Peter Fretschner, Susanne Frank,
Evi Krebs, Alfred Floßmann

Bewerbungen für das
Architektur Jahrbuch Bayern 2002
bitte an:
Bayerische Architektenkammer
Waisenhausstraße 4
80637 München
Telefon (0 89) 13 98 80-0
Telefax (0 89) 13 98 80-99
E-Mail: info@byak.de

Herbert Meyer-Sternberg
Am Brombeerschlag 1
81375 München
Mitarbeit Wohnhaus Andechs:
Harald Lankes

Ott Architekten
Wolfgang Ott, Ulrike Seeger
Max-von-Laue-Straße 9
86156 Augsburg

Peter Ottmann
Kaiser-Ludwig-Platz 1
80336 München

Schunck Ullrich Krausen
Ainmillerstraße 50
80801 München

Volker Staab
Schlesische Straße 20
10997 Berlin
Mitarbeit Museum Nürnberg:
Thomas Schmidt, Kathrin
Zimmermann, Alexander
Böhme, Peter Deluse, Martina
Pongratz, Stefan Matthey,
Angelika Gaul, Birgit Hübner,
Klaus Gehrmann, Mareike
Krautheim, Barbara Hubl,
Carole Chuffart

Wettbewerb:
Filiz Dogu
Mitarbeit Museum Schweinfurt:
Hanns Ziegler, Martina Eissler,
Klaus Gehrmann, Birgit Hübner,
Alexander Böhme, Uta Weichlein

Steidle+Partner
Genter Straße 13
80805 München
Mitarbeit Universitätsbibliothek
Ulm:
Claudia Hakala (Planung),
Christina Högerl,
Christian Müller (Bauleitung)

**Erwin Wenzl
und Manfred Huber**
Maria am Sand 7
94152 Vornbach

Helmut Zieseritsch
Liebigstraße 22
A–8010 Graz

Michael Ziller
Ohmstraße 22
80802 München
Mitarbeit Wohnanlage München:
Stefan Froschhammer, Oliver
Schubert

Landschaftsarchitekten:

Susanne Burger
Rosenheimer Straße 139
81671 München

Irene Burkhardt
Ziegelgasse 19
85354 Freising
Mitarbeit Reihenhäuser
in München:
Monika Schüller, Mathias Rauh

Gesswein, Henkel und Partner
Schönbergstraße 45
73760 Ostfildern

Latz und Partner
Ampertshausen 6
85402 Kranzberg

Axel Lohrer und Ursula Hochrein
Braunauer Straße 2
84478 Waldkraiburg

Luz Landschaftsarchitekten
Ostendstraße 110
70188 Stuttgart

Christina Menzebach-Füss
Heinrich-Vogel-Straße 14
81479 München

Wolfgang Herrmann Niemeyer
Agnes-Bernauer-Platz 8
80687 München
Mitarbeit Außenanlagen
Technisches Rathaus
München:
Marita Seeberger, Kerstin
Gerbracht, Martina Hilger,
Michael Eberl, Michael Pröttel

Realgrün
Klaus-Dieter Neumann,
Wolf Dieter Auch
Mariahilfstraße 6
81541 München
Mitarbeit Wohn- und
Therapiezentrum München:
Martin Keller, Andreas Kicherer,
Dietmar Lennartz

Anhang
Bildnachweis

Archiv U-Bahn-Bau, Baureferat Landeshauptstadt München, 144
Archiv Dittmann + Dittmann 128, 130, 131
Beierle, Edward 40, 41, 42, 43 rechts
Büro Ottmann 134
Dau-Foto 36 links oben
Feiner, Ralph 70, 71, 74/75
Fürst, Tobias 76, 78/79
von Gagern, Franziska Umschlagrückseite oben Mitte, 48, 50/51, 52
Gebhardt, Helmut 126/127, (Vorlage: Olympia-Bulletin 1) 144 (U-Bahn-Plan)
Gieshoidt, Martin 147, 148, 154/155
Halbe, Roland 6/7, 54, 55, 56, 58/59
Harrer, Beate 106, 109
Heddergott, Andreas 7, 33, 35
Heinrich, Michael Umschlagrückseite rechts oben, 7, 28/29, 30/31, 88, 89, 90/91, 92/93
Hildenbrandt, Karl-Josef 7, 64, 66, 67, 68/69
Hiller, Hermann 40, 41
Holzherr, Florian 112, 113
Jakob, Angelika 36 links unten
Kandzia, Christian 12, 34, 123, 124, 125,
Kemper, Peter 100
Kinold, Klaus 7, 106, 107, 108
Koch, Sabine für Stadtentwässerungswerke, Baureferat Landeshauptstadt München 7, 138, 139, 140, 141, 142/143
Koepke, Henning 6, 132, 133, 134/135, 137
Kroupa, Karl Umschlagrückseite unten, 104, 105
Kwin 43 links
Larusso, Romano 7, 149, 150, 151
Lauber Architekten 114
Meinel, Udo 7, 16, 17, 18/19, 20/21, 22, 23, 24, 25, 27
Müller-Naumann, Stefan 32, 33, 35, 60, 61, 62, 63, 94/95, 96/97, 114, 115, 118, 119,
Myrzik und Jarisch 102, 103
Nemec, Ivan 6, 22/23, 26/27
Neubert, Sigrid 36 rechts 3. von oben, 37 oben links, 39
Neumann, Klaus Dieter 120, 121
Nicolic, Robertino 98, 99
Ortmeyer, Klemens / architekturphoto 80, 81, 82, 84, 85, 87
Ott Architekten 7, 110, 111
Presser, Beat Umschlagvorderseite, 3
Richter, Ralph 83
Rigaud, Peter 8–11, 13–15, hintere Umschlagklappe
Schambeck und Schmitt Umschlagrückseite rechts unten, 7, 116, 117
Spiluttini, Margherita 17, 44, 45, 46, 47
Sprang, Robert 136
Wenzl, Erwin 101
Wichary, Heinrich 145, 146, 147, 150, 151, 152, 153
Wirsing, Werner 36 rechts 1. und 2. von oben sowie ganz unten, 37 links unten, Mitte und rechts

Impressum

© 2001 Verlag Georg D.W. Callwey GmbH & Co. KG,
Streitfeldstraße 35,
81673 München
www.callwey.de
E-mail: buch@callwey.de

Die Deutsche Bibliothek – CIP-Einheitsaufnahme
Ein Titelsatz für diese Publikation ist bei der Deutschen Bibliothek erhältlich.

ISBN 3-7667-1495-3

Das Werk einschließlich aller seiner Teile ist urheberrechtlich geschützt. Jede Verwertung außerhalb der engen Grenzen des Urheberrechtsgesetzes ist ohne Zustimmung des Verlages unzulässig und strafbar. Das gilt insbesondere für Vervielfältigungen, Übersetzungen, Mikroverfilmungen und die Einspeicherung und Verarbeitung in elektronischen Systemen.

Redaktion:
Lisa Diedrich
Stefan Granzow
Katharina Matzig
Mitarbeit: Christine Gleixner

Gestaltung:
A34 Büro für Kommunikation und Realisation,
Helmut Gebhardt, München

Litho, Druck und Bindung:
Fotolito Longo, Bozen
Printed in Italy 2001

Architektur-Kompetenz!

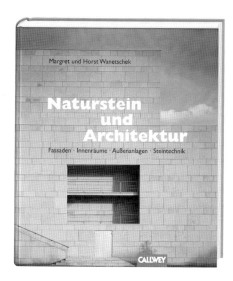

„Ein ebenso inspirierendes wie informatives Werk über Architektur, Natursteinbetriebe sowie private und öffentliche Bauherren."

DEUTSCHES ARCHITEKTENBLATT

Computer bestimmen zunehmend den Alltag des Architekten. James Steele stellt die spektakulärsten öffentlichen Gebäude der letzten Jahre vor und erläutert ihre Entstehungsgeschichte. Entwürfe der bekanntesten Architekten unserer Zeit!

„Vorbildlich sind nicht allein die Projekte oder ihre Einbindung in einen vorgeschalteten, internationalen Kontext, vorbildlich ist auch die Präsentation der teilweise ausgezeichneten Wohnanlagen über Fotos, Text und Pläne."

DEUTSCHE BAUZEITUNG

Margret und Horst Wanetschek
Naturstein und Architektur
176 Seiten, 355 Abbildungen, 137 Zeichnungen.
ISBN 3-7667-1438-4

James Steele
Architektur und Computer
240 Seiten, 300 Abbildungen.
ISBN 3-7667-1493-7

Bayerisches Staatsministerium des Innern – Oberste Baubehörde (Hrsg.)
Wohnmodelle Bayern
224 Seiten, 197 Abbildungen, 274 Zeichnungen.
ISBN 3-7667-1375-2

www.callwey.de

Baumeister

Baumeister –
Zeitschrift für Architektur

Bisweilen offenbart sich das Glück in einer rätselhaften Botschaft. Lassen Sie nichts im Ungewissen. Der Baumeister verrät Ihnen jeden Monat die Geheimnisse der Architektur. Just B.

Foto: Boris Storz

Information,
Probehefte,
Abonnements:

Fon +49 89 / 43 60 05 – 178
Fax +49 89 / 43 60 05 – 317
info@baumeister.de

Für die Zukunft gestalten.